새들의 취침법

심순영 시집

문학공원 시선 215

새들의 취침법

심순영 시집

마음 따스한 시인이 쓴 마음이 따뜻해지는 시

지금 새들의 수면을 방해한 죄로 사람들이 죽어가고 있다
언제까지 새들의 취침법을 무시할 텐가
마스크 벗고 박 속 같은 친구의 웃음을 보아야 하지 않겠는가
사람들도 새들처럼 해 떨어지면 금긋듯이 잠자리에 들어야 한다

문학공원

서시

심 순 영

빈센트 반 고흐의 그림
'첫걸음'을 오래도록 바라봅니다
밀레의 '첫걸음'이라는 그림도 찾아봅니다
밀레의 그림을 좋아했던 고흐가 따라 그린 그림
고흐도 처음에는 초보였다는 것을 알게 됩니다
위대한 예술가도 초보로 시작한다는 것에 위로를 받습니다

첫걸음을 떼는 순간의 기억에 심장이 요동칩니다
겨우 디딘 발바닥이 흔들립니다
양팔을 벌리고 균형을 잡으려 하나 미세한 떨림입니다
두툼한 손을 펼치고 기다리는 아버지
등 뒤에서 같이 떨며 응원하는 어머니
나는 아직도 그 묵직한 힘을 느낍니다

초심으로 돌아간다고들 말을 하지만
그 두려움을 아는 나는 그 말을 쉽게 하지 못합니다
세상의 모든 공간으로 나갈 수 있는 가능성의 시작점
낯설음으로 나가는 그 플랫폼에서 늘 서성입니다
그 서늘한 공기를 아직도 기억합니다
멀리 뛰기 위해 도움닫기를 시작합니다

첫 시집이 잉태되어 출산을 기다립니다
사회적 시냅스로 연결된 온기만을 믿고
양팔을 서서히 벌리고 버티고 있습니다
오른쪽 발을 떼고 첫걸음을 떼자
왼쪽 발바닥에 힘이 생기기 시작합니다
잽싸게 오른발을 놓고 왼발을 뗍니다

그래 잘했어, 갈 데까지 가보는 거야
심장이 요동치며 젊은 피로 수혈됩니다
다시 젊음을 찾아오는 순간입니다

자서

눈물과 바람에게 말을 걸다

시를 써보고 싶다는 무모한 열정 하나밖에 없습니다. 어떤 체계적인 교육도 받은 적은 없지만, 시는 신이 한 개인에게 은밀히 부여하는 영감의 선물이라고 믿기에 그 한 가닥 빛을 따라가 보려고 무작정 나섰습니다. 적어놓은 시들을 매만지다 보니 눈물과 바람에게 말을 걸고 있었다는 생각이 듭니다.

우리의 가슴을 울컥하게 하는 이야기들을 따라가며 시어로 말을 걸어보는 과정에서 존재의 순간순간을 만나는 일이야말로 진솔함의 알갱이를 건지는 일이라고 믿고 있습니다. 눈물과 함께 하는 그 이야기를 소홀히 하지 않는 시인의 길을 가보려고 다짐합니다.

겨우내 얼었던 흙을 밀어 올리고 올라오는 수선화 한 촉의 강인함과 숲길에서 만난 바람의 소리들도 말을 걸어옵니다. 사랑으로 보지 않으면 보이지 않고 귀 기울여 듣지 않으면 들리지 않는 자연의 변화에 말을 걸어보는 시적 작업이 고통스럽기도 하고 기쁘기도 합니다. 삶의 경험으로 인해 저의 영혼에 새겨진 따뜻한 기억의 편린들이 시로 숨을 내쉬어 여기에 그 첫 발걸음을 떼어놓습니다.

시의 매력에 붙들려 지금까지 넘어지지 않고 걸어올 수 있도록 힘을 주시고 저의 부족한 시에 시평을 써주신 시인이자 비평가이신 김순진 교수님께 깊이 감사드립니다. 문학의 낯선 길을 가면서 더듬거리는 저에게 앞서가며 늘 응원해주고 불을 밝혀주는 전하라 시인께도 감사의 마음을 전합니다. 시를 쓰는 일이라면 유독 아낌없는 마음의 지원과 날카로운 비평으로 돕는 배필이 되고자 하는 남편 김석명 교수에게도 깊은 감사와 사랑의 마음을 전합니다.

2022년 초겨울

심 순 영 배상

차례

1부. 나비의 역습

2부. 하늘에서 보낸 택배

차례

3부. 바람의 자기소개서

4부. 어머니의 까시래기

작품해설

1부

나비의 역습

블랙해커를 추적하다

신촌 미용실 신의 손이라 불리는 디자이너
내 머리를 만지다 뒤통수에 오백 원짜리 동전만한
원형탈모가 생긴 것을 보고 놀라서 가위질을 멈추었다
한 몸인데 결코 뒤를 볼 수 없는 인생의 아이러니
깔끔한 척 오만하게 살아온 인생 뒤로 큰 구멍이 나는 걸 몰랐다
내 몸의 잠금장치를 해독한 블랙해커의 소행이 틀림없다
세 끼 식사 거른 적 없이 비타민도 챙겨 먹었다
배설기관도 양호하여 암호해독이 어려웠을 텐데
등만 대면 업어 가도 모르게 잠도 잘 잤다
아킬레스건을 툭 치고 들어와 뒤를 공격하다니

가슴 속 무풍지대에 감추어둔 상처들
오래전에 강물에 훠이훠이 흘려보냈다고 믿었다
자가당착의 올가미에 걸려든 주인에게 그래도
내장과 심장을 무너뜨리지 않고 뒤통수에
폭탄을 터뜨려준 블랙해커가 야속하면서도 고맙다
매일 만 보 이상 걷고 적당히 쉬어주기도 했는데
머리카락이 뭉텅이로 빠지는 줄도 모르고 있었다
화이트 해커는 그동안 주인을 위해 무엇을 했는가
방어벽 한쪽이 무너져내리는데 손 놓고 있었단 말인가
블랙해커한테 완패당하다니

〈시조〉

천년의 사랑법

어디나 암수 서로 마주 보고 서 있다
늘 그 모습인데 금슬은 언제 오고 가는 걸까
오직 할 줄 아는 일은 하트를 날리는 것뿐

토라진 젊은 부부 서로가 사랑하라
이파리 하트 그려 서로를 화해시킨다
거친 숨 몰아쉬던 아내 용케도 알아듣는다

뜨겁게 내리쬐는 한여름 태양에도
서로를 사랑하며 그늘을 만들어서
사람들 불러 모아서 사랑학개론 강연한다

어느 틈에 새끼를 올망졸망 매달고 있다
지독한 냄새 난다 손가락질당해도
제 자식 돌보는 데는 천하제일 사랑꾼이다

자식들 독립시키고 늦사랑에 눈이 멀어
황금 옷 갈아입고 가출을 감행한다
새로운 사랑을 위해 돌아보지 않고 간다

천년이 지나도록 늙지 않는 사랑나무
사랑법, 그 비밀을 아직도 못 밝히고
용문산 은행나무로 사람들이 몰려간다

나비의 역습

좌심실을 나온 나비가 대동맥을 향해 날았다
꽉 조였다 풀어놓은 풀꽃의 향기가 그를 끌어당겼다
언덕길을 숨차게 날아올라 어디로 갈까 망설인다
향기와 꿀, 자유를 향한 세 갈래의 대동맥을 향한
좁은 길을 따라 올라가 본다

팔딱팔딱 뛰는 경동맥을 역주행으로 통과한다
좁은 공간에 부드럽고 폭신한 미로가 펼쳐진다
우측 방에서는 말놀이 시어들을 고르느라 바쁘다
좌측 방에서는 시시비비 옳고 그름을 편 가르고 있다
후방으로 넘어가니 두 눈에 찍힌 풍경을 감상 중이다
쉬지 않고 오로지 자기 할 일에만 몰두하고 있다
말 한마디 붙이기 어려워 앞이마 쪽으로 날아가 본다
통합지휘본부에서 연신 의사봉을 땅땅 두드린다
분초를 다투어 결정할 일이 많은가 보다
딱딱한 공간이 답답해 미끄럼을 타고 쑤욱 내려온다
좁은 길을 따라 내려오다 커다란 공간에 툭 떨어졌다
미끈거리는 점액이 여기저기서 퐁퐁 솟아나온다
꿀럭꿀럭 신나게 바이킹을 타다가 어지러워서
아주 좁은 비탈길을 겨우 통과하여 한숨을 돌린다
쓴 즙들이 쏟아져 해독한다고 난리법석이다

작고 부드러운 돌기들이 쉴 새 없이 흔들거린다
입맛에 맞는 것을 빨아들인다고 양보는 일절 없다
열두 고비를 돌고 돌아 하마터면 맹장 고랑에 퐁당 빠지는 줄 알았다
드디어 넓은 길이 펼쳐지기 시작한다
천천히 움직이는 어떤 묵직한 힘이 자꾸 나를 떠밀어 올린다
위로 옆으로 아래로 내려오다 이제 한곳에 오래 머물고 있다

머리와 내장을 휘돌며 날아다녀 보니
60조 세포가 살아 숨 쉬는 자체가 기적이다
이제는 나의 비행을 마감해야 할 순간이다
물이 쏟아져 아래로 빠지는 하얀 도기가 아니라
넓은 들판에서 마지막 비행의 순간을 맞이하고 싶다
시원한 공기를 흠뻑 마시고 싶기 때문이다
알지 못하겠구나
장주가 꿈에 나비가 되었는지, 나비가 꿈에 장주가 되었는지!
나는 꽃이고 싶다가 나비이고 싶기도 하다
꽃과 사람 사이를 여행하는 것이 마지막 꿈이다

쉬파리 상경기

제 고향은 전남 영광 어촌마을입니다
어릴 때는 굵은 소금 골목을 휘저으며 놀았어요
바닷바람 선생에게 웨이브 타는 법을 배웠답니다
저녁노을이 수평선을 붉게 물들일 때 툭 불거진
내 양 겹눈은 점점 커지면서 붉어져 갔습니다
황금빛 도는 은빛 가루와 검정빛 비늘 가루로
등판에 블랙앤화이트 격자무늬를 새겨 멋을 냈지요
비록 생선에 붙어살지만 그리 날라리는 아닙니다

어느 날 꾸들꾸들 말린 백조기에 붙어서 놀다가
통보리 속으로 딸려 들어가 숨죽이고 살았어요
보리 사이에서 쿰쿰한 냄새가 나기 시작했습니다
그 황홀한 향기에 취한 서너 달이 제 인생의 절정기였답니다
강렬한 빛이 항아리 안으로 들어온 날이 기억납니다
보리굴비가 하나씩 볏짚에 엮여 끌려나갈 때마다
나는 윙윙 울어대며 누굴 따라가야 할지 몸 둘 바를 몰랐습니다
대나무상자에 마지막 굴비가 담길 때 겨우 숨어들었습니다
상자에 얹혀 덜컹거리며 어디론가 북쪽으로 실려왔습니다

아마도 이곳은 서울근교의 고층 아파트인가 봅니다

택배상자를 열어본 주인여자는 소리를 지르며 좋아했지요

이 보리굴비 너무 맛있겠다, 내 고향 친구들이 냉동실로

하나씩 사라질 때 나는 겨우 주인여자의 눈을 피해 숨었습니다

그때 고함소리가 났어요

아니 이 높은 곳에 어떻게 이 녀석이 올라올 수가 있는 거야

고향 친구 등에 붙어 생사를 같이 한 죄밖에 없는데

보리굴비는 그리 애지중지 반가워하면서 왜 나는 싫어하는지요

왜 내 목숨이 갑자기 파리 목숨이 되었는지 억울합니다

내 고향 영광 바닷가가 그립기만 합니다

안경 혹은 역사

안경 너머로 앙코르와트 유적을 보고 있다

인간의 역사와 식물의 역사가 실타래처럼 엉켜있다
휘어지고 부러져 끌어안은 채
허공은 부르르 떨던 다리보다 강하다
검은색 다리는 허옇게 질식되어 있다
글을 모르나 책을 읽던 그들은 주인 귀에 머물다
책을 읽는다는 죄로 죽임당해 널브러져 나뒹군다
누운 채 허공을 읽고 있는 그의 백골
주인이 그리워 동그랗게 뜬 눈을 감지도 못하고 있다
동남아 비극의 정점 킬링필드
인간의 잔인함을 그대로 보아야 했던
두 눈에서 울고 싶어도 눈물이 나오지 않아
정지된 아우성만이 수족관 안에 갇혀있다
부릅뜬 눈에 내려앉은 세월이 얼룩져 있다

천 년 전 크메르인들이 지어놓은 아름다운 도시 사원
앙코르와트 유적지 지붕 위에 프랑스 복원기술자들이
연신 흘러내리는 안경을 들어 올리며 유적을 살피고 있다
한 세대 지식들인이 몽땅 사라진 살육의 분서갱유
크메르루주의 잔인한 학살로 죽어간 이백만 명의

슬픈 역사를 전해 줄 선생도 의사도 기술자도 없는 나라
캄보디아는 선조들이 남겨준 유적지를 돌볼 수 없어
제 살이 파 먹히는 줄도 모른다
길고 넓은 수족관 안에서 지금도 빤히 바라보고 있는 그들은
두 눈을 부릅뜬 채 불면의 밤을 보내고 있다
사모님 원 달러 손을 내밀며 신발도 없이 쫓아다니는
어린 영혼들이 메마른 울음을 삼킨다

문틈

숨
쉬
는 실내공기도 멸균 소독해 놓은 서늘한 수술실 문틈

백내장 수술을 받으러 내 눈이 수술실 문으로 들어간다
이
침 동
대 식
에 실려 문틈이 차단된 다섯 개의 문을 하나씩 통과한다

일상복을 입은 사람도 들어갈 수 있는 첫 번째 문
옷을 갈아입은 사람만이 들어올 수 있는 두 번째 문
수술을 위해 갖가지 물품을 준비 공급하는 세 번째 문
기차처럼 이어진 수술실로 들어가는 네 번째 문

수술실 마지막 문을 통과하여 조명 아래 눕는다
마취 당한 눈이 깜박이지 못한 채 강한 빛을 바라보고
있다
눈동자 위로 물이 뿌려지는데 감각이 없는 감각이 이상
하다
수정체를 부드럽게 징 하면서 긁는 느낌이 난다

윙윙 흡입기 소리와 잔잔한 음악이 동시에 귓속으로 들려온다
불협화음에 적응하려고 애쓰다 보니 수술 과정이 마무리되고 있다
뉴 인공수정체는 필터가 벗겨진 화면처럼 생경하게 눈이 부시다
의사에게 맡겨진 눈은 다섯 개 문을 거꾸로 통과하여 돌아온다
수술실 문은 절벽을 만들었다가 다시 평면으로 내려놓는다
문틈이 허용되는 공간으로 나오니 따뜻한 공기가 달콤하다

문틈은 안과 밖을 이어주는 고리이다
불빛이 새어 나오는 문틈은 얼마나 인간적인가
문 앞에서 서성이는 이에게 문틈은 숨통이다
문을 밀고 안으로 들어가고 싶은 자에게
문틈은 빛으로 손을 내밀고 말을 걸어온다
들어오고 싶으면 들어와도 된다고

흑마늘

잠에서 깬 여섯 형제는 서로 얼싸안고 울었다
햇빛을 보고 싶어 안달하던 성질 급한 맏이는
꽃샘추위에 동상이 걸려 쪼그라들었다
느긋한 둘째 쫑이는 키가 자라서 의젓해졌다
옆 동네 상추 쑥갓이 어깨를 세울 때
우리 형제는 제법 잘 자라서 키재기를 한다
여름 한 철 따가운 햇살에 달구어져 튼실해지고 있다
하지 무렵 우리를 유심히 보시던 할머니는
잘생긴 친구들만 골라서 따로 부르신다
소집된 우리는 차에 실리어 아들네로 왔다
아들은 우리를 한 방에 가둔다
처음에는 친구들과 한 방에 있으니 좋았다
따뜻하고 훈훈해서 잠이 솔솔 오기도 했다
한 사흘 지나자 몸이 비틀리기 시작했다
서로 잘났다고 뻐기던 마음도
내가 더 독하다고 우기던 마음도
다 잊어버리고 낯빛이 흑빛으로 변해갔다
시간이 지나가자 이상하게도 우리 몸에서
부드러운 향기가 나기 시작했다
서로를 바라보는 눈이 촉촉이 젖으면서
윤기가 반지르르 흐르기 시작했다

〈

어느 날 문이 열리더니
아들은 우리를 채반에 얌전히 옮기면서
잘 참았구나, 칭찬해주었다

벼루에 잘 갈은 먹물을 찍은
붓을 화선지에 한 점 찍는 순간이다
마늘 厶

메리골드

화분을 햇빛 잘 드는 곳으로 옮긴다
자주 바라보니 황금색 꽃송이가 피어나기 시작한다
십 리 밖 들짐승도 알아보던 족속이
점점 시야가 흐려져 안경 낀 사람들이 늘어나고 있다
나도 황반변성 예방을 위해 메리골드에서 뽑아낸
눈 영양제 루테인 캡슐을 먹고 있다
루테인 몇 그램을 얻고자 우리는
수많은 메리골드 꽃들의 비명을 들어야 한다
백세시대에 눈 건강은 복 중의 복
몸이 천 냥이면 눈은 구백 냥이라 하지 않던가
티브이를 멀리하고 동네마다 피어있는 황금색 메리골드 꽃을 바라보자
드라마보다 더 진한 인생 이야기들을 나누어보자
휴대폰 대신 그 꽃들의 웃음소리를 듣고 산다면
코에 걸린 안경을 벗어 던질 수 있으리라
뭉개져 가는 황반부 변성을 멈출 수 있으리라

징

소리호수에 파문이 일었다
징채를 두드릴 때마다 호수는 더욱 출렁거렸다
미세한 두드림에 파르르 떠는 소리의 수면
잦은 파동이 귀 안에 초가집을 지었다
얼마나 불에 데이고 두들겨 맞았는지
동그랗게 큰 눈을 뜨고 보니 세상이 낯설기만 하다
사물놀이패 장단에 맞춰
징징, 우주로 퍼져나가는 울음소리를 뽑아내던
봉뎅이, 나는 지금 김가네 집에 와있다
좁은 거실에 장식물이 되어 울지도 못한다
며칠 후 또 이사를 간다고 안주인이 분주하다
집 보러 온 사람들은 꼭 나를 눈여겨본다
징채로 한 번씩 때려주는 사람도 있다
거실 가득 울려 퍼지는 소리호수의 파장
올겨울, 나는 단 한 번의 울음으로
다시 살아가야 할 의미를 되찾았다

단 한 번만이라도 남사당패들과 휘돌아 치며
황금 들판을 춤추게 할 수 있다면 좋겠다
그때는 참았던 울음을 목청껏 터뜨려 보리라

옹기의 귀를 뚫다

장독대 위에 60살 넘은 옹기들이
햇살을 머리에 이고 옹기종기 모여 산다
저마다 담겨진 장맛을 둥글게 안고 있다
시멘트 바닥을 뚫고 씀바귀 한 뿌리가
옹기 위로 고개를 내밀었다
작은 씨앗이 장독대 아래 어둠 속에서 숨죽이다가
콘크리트 사이로 스민 햇빛 한 줄기를 보았던 것이다
실핏줄 같은 햇빛 사이로 싹을 내밀어본다
옹기의 귀 사이로 삐져나온 눈부신 봄볕을 사모했다
사모하는 봄볕의 그림자를 따라 밟으며
씀바귀는 절벽 같은 옹기 사이를 지나 길을 나섰다
낙타가 바늘귀로 들어가듯이 어려운 일이었지만
씀바귀는 옹기의 귀를 간신히 통과하고 말았다
무한한 햇빛의 광 스펙트럼이 펼쳐진 세계에 안기자
바람이 전하는 말들을 옹기의 귀에 비벼대며 들려준다
귀가 순해진 옹기도 씀바귀가 전하는 소식을 기다린다
씀바귀와 옹기의 기묘한 동거는
장독대 옹기 마을에 최대의 스캔들이었다

옹기의 귀가 뚫리니
시골 동네의 모든 소리들이 들려온다

이른 새벽 옥산댁네 장닭 우는 소리
낯선 이를 경계하는 순이네 개 짖는 소리
은행나무 사이를 휘젓는 까치의 노랫소리
장독대 옆 모란꽃망울 열리는 소리
집주인 할머니가 끙끙 앓으며 돌아눕는 소리
멀리 사는 아들 내외가 밀고 들어오는 문소리

어머니 저 왔어요, 그려 어서 오너라
오랜만에 듣는 할머니 웃음소리도 들려온다
아들이 몰고 온 훈풍에 집안에 온기가 돈다
할머니와 아들 내외의 삼박사일 동거는
씀바귀와 옹기도 울고 갈 행복한 스캔들이었다

방패연과 드론

너는 시골집 마룻바닥에서 태어났어
머리뼈는 실하게 허리뼈는 유연하게 만들어졌지
긴뼈와 중간 뼈가 가슴구멍에서 가로지를 때
다소곳이 예의를 갖춘 너는 뼈대 있는 집안의 품격을 지녔지
속살이 은근히 비치는 너의 옷자락에 햇살이 들 때
둥글게 휜 너의 등 뒤로 닥나무 향기가 휘감겨왔어
머리 양쪽과 팔다리를 이어 무명실로 목줄을 매어도
고개를 끄덕이며 오직 희망은 하늘을 나는 거였지
끝 간 데 없이 날아오르는 자유를 꿈꾸고 있었어
강둑에 올라 감겨진 속박에서 벗어나 바람을 탈 때
가슴이 뻥 뚫리는 자유의 숨결을 맛보았지

어느 선선한 가을날이었어
나뭇가지 사이로 바람이 미끄러지듯 빠져나갈 때
너는 온몸으로 바람을 안고 전통웨이브를 즐기고 있었지
그때 강력한 라이벌 드론이 나타난 거야
드론은 요란한 쇳소리를 내며 너의 주위를 맴돌았어
목줄도 없이 높이 날아오르는 그의 자유가 너무 부러웠지
너는 잡혀 있는 질긴 인연 때문에 더 멀리 날 수 없다고
얼레에게 어깃장을 놓으며 투정을 부리기 시작했지

질척거리지 말고 그만 놓아달라고 울며 매달렸어
드론의 날갯죽지에 다가가 목줄을 베어버리고 말았던 거야
완전한 자유를 느끼며 너는 한동안 바람을 타고 놀았지
밤이 되고 바람의 방향이 바뀌자 너는 길을 잃고 말았어
큰 느티나무 가지에 걸려 삼색 옷깃이 찢기고
끈 떨어진 연이 되어 넋을 놓고 있었지

그때 너는 보고 말았어
무선 원격 조정기를 들고 가는 한 남자의 뒷모습을
강력한 감옥에 갇힌 쓸쓸한 드론의 낯선 얼굴을

타워크레인

성북천 공터 옆에 그가 덩그마니 서 있다
한겨울 세찬 북서풍에 양팔이 흔들린다
그의 어깨에 일백 세대의 보금자리가 매달려 있다
그와 동고동락하는 1급 타워크레인 기사 김씨를 위해서라도
강풍이 몰아쳐도 절대 쓰러지면 안 된다
김씨가 한번 조종간을 잡으면 그는 8시간 동안 땅을 밟지 못한다
김씨의 젊은 아내는 위를 바라보며 늘 노심초사다

내 집을 소망하는 서민들의 꿈을 위해
그는 오늘도 마천루에서 눈비에 젖는다
그가 들어 올린 골조들로 이제 10층까지 올라왔다
그의 수고가 서민에게 웃음꽃이 된다면
그는 빼근한 어깨를 버티고 결코 쓰러지지 않으리라 다짐한다

20층 골조가 완성되는 날 그는 양팔을 내리고
비로소 땅으로 내려와 안도의 숨을 내쉴 것이다

접시論

2019년 8월 25일

1984년 시집올 때 남대문시장에서 세트로 구입한 행남자기 접시를 자취생에게 기부했다

가계부를 쓰다 문득, 내가 접시를 보낸 것이 아니라 접시가 내가 싫어서 떠났다는 생각을 한다 집들이 한다고 큰 접시에 잡채를 담고 작은 접시에 나물을 담아내며 오는 손님들을 기쁘게 했었다 어디 한번이라도 일회용 접시에 음식을 담아낸 적이 있었던가 어느 날 성과금이 나왔다고 꽃들이 박혀진 포트메리온보타닉접시를 세트로 사들이고 한물간 접시는 서랍장 깊숙이 넣어두고 눈길조차 주지 않으니 아무리 참을성이 있다손 해도 마음이 떠날 수밖에

가계부에 다시 쓴다

세류에 물든 나를 버려놓고 새로운 사랑을 찾아 접시들이 떠나갔다

* 마경덕의 「신발論」을 패러디하다

모발에 링거를 꽂다

머리를 감고 물기 젖은 머리를 바라본다
유독 정수리 머리카락이 가늘고 두피가 휑하다
뒷머리에 손가락을 넣어 한 움큼 잡아보면
뒤는 아직 모발이 빽빽한데 앞으로 옮겨 심고 싶다
모발에 힘이 없고 볼륨감이 없으니 늘 실랑이다
조금씩 눈치 못 채게 가르마를 2:8로 옮기고 있다
미용사는 고민하는 내게 링거 파마를 하자고 했다
미용을 천직으로 알고 즐겁게 일하는 그녀가 미더워
속는 셈 치고 링거펌을 했는데 아주 만족스러웠다

정수리 부분만 아주 가느다란 로드로 한번 말아주고
그 위에 사이사이 굵은 로드로 다시 말아 덮어준다
짱짱하게 말았던 로드를 후루룩 푸는 시간이다
파마약이 시원하게 씻겨 나가는 동안 조마조마하다
링거펌을 한 내 머리카락이 살아날지 궁금하다
앞머리 부분에 손가락을 넣어보니 꼬실꼬실 잡힌다
휑한 두피가 부풀어 오른 머리숱으로 검게 덮여 있다
납작 붙어있던 머리카락이 링거를 맞고 일어선 것이다

링거액을 맞으면 한 며칠 반짝 기운이 나는 것처럼
링거펌도 한 석 달 지나면 모발이 자라 나와 부스스해진다

키는 점점 줄어드는데 머리카락도 자라지 말았으면 좋겠다
겉모습은 손기술로 가릴 수 있으나 속마음은 늘 허하다
두피를 지나 모근이 건강해지고 마음도 단단해지는
진짜 링거액은 없는 걸까

칫솔의 사랑법

삼 개월 만에 파트너를 바꾸었다
처음 만난 새 파트너가 어색하기만 하다
그와 나는 몇 번 만나고 곧 익숙해진다
내가 가는 곳에는 언제나 그가 있다
여행갈 때는 꼭 그도 함께 가게 된다
그 앞에서는 어떤 비밀도 감출 수가 없다
마스크로 가려도 그는 존재감을 드러낸다
그는 자기를 잊지 말라고 은근히 압박한다
그를 잊고 있으면 불쾌감으로 기억나게 한다
자주 만나주지 않고 따돌리기라도 하면
그는 참을 수 없는 통증으로 내게 보복한다
그는 질투의 화신이다

아무도 침범할 수 없는 곳에서 나를 만나러 오는 그는
이 시대 최고의 사랑꾼이다

화담숲에서

야트막한 산등성이에 자작나무 숲이 있습니다
하얗게 분칠을 한 나무들이 곧게 뻗어있습니다

초록의 나무들 사이에서 완연 돋보이는 스타입니다
자작나무는 키가 커서 잎사귀가 보이지 않습니다
나무 끝자락에 매달려 파란 하늘과 놀고 있습니다
대중성을 거부하고 높이 붙어있는 잎사귀들
사람들의 눈높이를 거부하는 연예인 같습니다
자작나무 심겨진 언덕에 수선화 수만 송이가
노란 숲을 이루고 있습니다
팬들의 박수갈채처럼 와와 바람에 흔들립니다
초록 잎과 노란 꽃이 자작나무를 더 빛나게 합니다
데크 길 위로 연인들이 손잡고 걸어갑니다
사진도 찍어주며 즐거운 봄나들이를 즐기고 있습니다

불에 탈 때 자작자작 소리가 나는 자작나무 옆에서
연인들 가슴에서도 자작자작 사랑이 타고 있습니다

파고라에서 만난 바람이야기

유월의 숲은 바람의 놀이터지요
구름 사이로 들이치는 햇살이 초록빛에 부서지네요
바람이 나뭇잎을 흔들면서 수건돌리기를 하고 있어요
눈에 보이지는 않지만 제일 활발하게 놀아요
한 바퀴 돌 때까지 알아채지 못하면 술래가 되지요
바람이 떡갈나무 뒤로 갔는데 갑자기 뒤를 돌아보네요
졸참나무보다 나뭇잎이 커서 시야가 넓은가 봐요
갈참나무 뒤로 가서 소리 없이 수건을 놓으려다 그만
바람수건이 풀어져 계수나무 뒤로 굴러가 버렸어요
소나무 뒤에 살짝 놓아두고 가려다 솔잎에 찔렸네요
하마터면 악 소리를 지를 뻔했지요
바람 뭉치가 지나갈 때 나뭇잎들은 간지럼을 타나 봐요
심하게 간지럼을 타는 나무 밑에는 사람들이 쉬고 있어요
허리가 휘청거리게 웃음이 헤픈 나무는 피해 가야 해요
해찰이 심하면 금방 술래를 눈치채는 경향이 있거든요
꼿꼿이 서 있는 팥배나무를 술래로 만들려고 다가갔다가
갑자기 튀어 오르는 까마귀 소리에 화들짝 놀라고 말았지요
산벚나무에 걸터앉아 가쁜 숨을 고르고 있었는데요
그때, 파고라에 누워 얼굴 위에 모자를 덮고 있는 여인을 보았어요

그녀의 얼굴이 궁금해 온 힘을 다해 모자를 휙 치고 달아났어요

그녀는 화도 내지 않고 땅에 떨어진 모자를 집어 들더니

아이 시원해하며 도로 누워버리네요

그녀가 오늘은 바람의 술래가 되었네요

자메뷰

팔 년을 살다 떠난 동대문구 용두동
다시 돌아와 보니 익숙한데 낯설다
늘상 들락거리며 인사하던 부동산
갈 곳은 많으나 오라는 곳이 없어
편의점 파라솔에 앉아 소주병을 비우는 남정네들
우리 집 옷의 종류를 꿰차고 있던 세탁소 아저씨
24시간 문을 여는 마트도 모습은 여전한데
캐셔 직원이 팔 년 단골을 몰라보니 낯설다

낯선 곳인데 익숙하게 살다 온
용인 고기리의 즐비한 맛집들이 그립다
눈 맛도 초록으로 맛있게 물들이던 숲
창문에 사계절 풍경화를 그려주던 앞산
망초 대궁들의 풀향기에서도 쌉쌀한 맛이 난다
앞뒤로 뻥 뚫린 시원한 뷰가 사라진 동대문
보이는 것이라고는 앞집 창문뿐
익숙하다 싶은데 모두 낯설다

창을 열고 무공해 바람을 찾아 코를 벌름거리는데
성냥갑 도시가 초록 숲의 그리움을 완강하게 밀어내고 있다

익숙한 것을 낯설게 바라보기는
지금 내가 넘어야 할 시의 높은 언덕
자연을 떠나 빌딩 숲으로 들어온 자에게
그 언덕을 넘을 자유를 허락할지 미지수다
사물을 자메뷰*로 바라보는 중이다

* 자메뷰(jamais vu) : 데자뷔의 반대말로 익숙한 것이 낯설게 보이는 것을 말함

압력밥솥 사용설명서

쫄쫄 굶고 오는 것을 환영합니다
배고픈 식구들 회를 요동시키는 것이
나의 주특기입니다
치익, 콧김을 빼줄 때 냄새는 최고의 보약입니다
고개 숙인 남자도 일어서게 하는 힘이 있습니다
샤넬 넘버 5도 내 앞에서는 명함을 못 내밀지요

일본산 코끼리도 어느 날 사라지고
독일산 휘슬러도 나한테 역전패당했습니다
여행객들이 메이드인 코리아 나를 안고 돌아갑니다
저의 여비서가 립서비스까지 해드립니다
손잡이를 잠금으로 돌려주세요, 띠리리
쿠쿠가 잡곡밥을 시작합니다, 띠리리
맛있는 밥이 완성되었습니다, 띠리리

새살림을 차린 초보 신부님 걱정하지 마세요
자취방에서 처음 밥을 짓는 새내기도 오세요
예약 버튼을 눌러만 주세요 약속된 시간에
찰진 밥을 완성시켜 드리겠습니다
그대의 어머니 손이 되어 드리겠습니다
출출하신 분, 어서오세요 대환영입니다

2부
하늘에서 보낸 택배

앉은뱅이책상

- 아버지 심종률 님께

며칠 견딜 쌀 몇 됫박
찬바람 막아줄 이부자리
보고 싶을 때 꺼내 볼 부모님 흑백사진
일용할 양식이 되어줄 교원자격증
책상다리 하늘로 향하게 뉘고
차곡차곡 쟁여 가슴에 단단히 매었다
황해도 해주 전세방에 부모님을 두고
아내 등에 아들 업히고 피난 내려올 때
책상아 너도 이 애비만큼 숨을 못 쉬었겠지
꽁꽁 묶여 있었으니까
무서웠으니까

평생 얼굴에 분칠 한번 한 적 없던 아내처럼
네 얼굴에 기름칠 한번 못 해주고 윤기 없이 두었다만
너도 나처럼 잊지 않고 있으리라
그 무서운 삼팔선을 넘던 칠흑같이 어두운 밤에
이 애비의 속옷이 땀에 절어 김이 서리고
등에 업힌 어린 아들의 이마에 하얗게 내린 서리를
다른 물건 다 없애도
자개상 호마이카상 번쩍거려도
피난길 함께한 부모님 숨결 같은 너를

머리말에 두고 차마 버리지 못했다
내 등에 매달려 고향의 냄새까지 담아왔을 너를

손에 새겨진 가승(家乘)

엄마는 늘 손톱을 가리고 사셨다
양쪽 엄지손가락을 안으로 말아 쥐고
다른 한 손을 그 위에 포개어 얹고는 했다
거칠어진 손이 부끄러워 그리하는 줄 알았다
한겨울 세탁기 없이 골덴 바지를 빨던 손
김장김치 백 포기를 버무리고 품앗이하던 손
당신을 위해 동동구루무 한 통을 못 사던 손
그 손이 민망해서 그리하는 줄로만 알았다

어느 날 동네에 경상도 사투리를 쓰는
곱슬머리 낯선 총각이 나타나 기웃거렸다
동네 아주머니가 누굴 찾느냐고 물으니
우리 아버지 이름을 대면서 고모를 찾는다고 했다
총각의 엄지손톱과 당신의 엄지손톱을 나란히 맞춰보더니
엄마는 '어떻게 네가 고모 집을 다 찾아왔니?'하면서
총각을 끌어안고 눈물을 쏟으시는 것이었다
그 총각은 바로 엄마의 친정 장조카 김주경이었다

그날 비로소 엄마의 엄지손톱을 자세히 보았다
가운데 거무스름한 줄이 있고 반으로 갈라져 있었다
총각의 엄지손톱 가운데 선명한 검은 줄을 보자마자

그가 바로 엄마의 친정 김씨 핏줄임을 확신했던 것이다
신혼시절 남편을 따라 피난 내려와 친정을 모르고 살았던 엄마
초월자가 보낸 선물의 암호를 해독하는 순간이었다
손톱의 패인 검은 줄 때문에 손을 가리고 살았던 엄마는
그날 이후 어느 장소에서든지 손을 가리지 않았다
당신의 엄지손톱을 가문의 족보로 여기며 살다 가셨다
어느 명문가의 족보보다 더 확실한 손톱에 새겨진 가승*이다

* 가승(家乘) : 전쟁이 났을 때나 먼 길을 떠날 때 가까운 집안의 이름, 생년월일, 특징 등을 적어서 품에 넣어서 가지고 다니던 문서

티브이

충청도 소읍에 사시는 구순의 조 여사
아직도 손주의 생일까지 기억하신다
지혜롭기로 치면 솔로몬이 울고 갈 정도이다
반듯하게 생긴 나는 조 여사의 유일한 말동무다
멜로드라마 여주인공이 모함받으면 분해서 쩔쩔매다가
악역 배우에게 욕을 하며 같이 흥분하신다
내가 미처 알려주지 않은 것까지 한달음에 꿰차시는 조 여사
나는 조 여사의 유일무이한 친구다
자식들 다 떠나고 혼자 계시는 조 여사에게
매일 저녁 7시경이면 서울 아들이 전화를 걸어온다
조 여사는 가끔씩 아들에게 나를 고자질하는데 나는 너무 억울하다

"애야, 티브이에서 건장한 남자들이 나와서 내 물건에 손을 댄다
냉장고가 고장 났다고 여기저기 만지고 그러는디 겁나네"
"어머니, 티브이는 그냥 움직이는 그림상자예요
사람이 밖으로 못 나와요"
그날은 아들이 웃으면서 조 여사를 달래드리고 넘어가는 모양이다

다음날 조 여사는 한술 더 떠서 나를 모함하신다
“애야, 대통령 그 사람 착하게 봤는디 못 쓰겄드라
티브이에서 나오더니 나한테 할머니 돌아가시면 이 티브이를 나라에 반납해야 합니다 그러는구나”
웃음기 사라진 아들이 황급히 전화기를 내려놓는다
아무도 없는 방에서 조 여사는 다시 내 얼굴만 빤히 쳐다보고 계신다

자식들이 조 여사를 서울 큰 병원으로 모셔가서 요즘 나는 심심하다
보일러도 꺼지고 도무지 오한이 들 정도로 스산하다
나는 할 이야기가 무궁무진한데 들어줄 사람이 없다
시골로 내려오시면 이제 사이좋게 지냈으면 좋겠다
조 여사를 괴롭혀 드린 것 같아 죄송하기만 하다
조 여사가 좋아하는 ‘사랑은 눈물의 씨앗’을 들려드려야겠다

하늘에서 보낸 택배

초등학교 3학년 때다

설을 사흘 앞둔 선달그믐 즈음 새벽
밖은 아직 캄캄하다
엄마가 방앗간에 가시려는지
어젯밤에 담근 떡쌀을 건지시며 달그락거린다
그 얼마 후 삽짝문 열리는 소리가 들렸다
엄마는 피투성이가 되어 빈 다라를 들고 오셨다
개천을 건너다 다리에서 떨어지셨다
한 말이나 되는 떡쌀을 개천 바닥에 쏟으셨다
얼음판 위로 튀어나온 돌멩이에 찧어 턱밑이 찢어진 것이다
개천에 쓸려 보낸 쌀이 아까운 것이 아니라
새끼들 입에 가래떡 하나씩 물려주지 못한 설움이 북바치셨던 것이다
오래도록 부뚜막에 앉아 울고 계셨다

동네 어르신들 시공부하는 주민센터 도서관에
시를 떡처럼 좋아하는 나도 끼어 다니고 있다
주전부리 싸 오시는 어르신들과 정을 나누고 싶어
떡집에 들러 떡을 고루 사들고 갔다

비닐봉투를 펼치니 인절미 한 팩이 더 딸려 왔다
돌아가는 길에 만지작거리던 이천 원 돌려드리니
떡집 아주머니가 금방 나온 가래떡을 집어주신다

엄마가 그토록 먹이고 싶어 하던 말랑한 가래떡
50년 만에 하늘에서 택배를 보내셨나 보다

자전거

나는 깡마른 체격에 뼈만 앙상해도 달리기를 잘합니다
좁디좁은 논두렁길도 잘 달리는 환상의 마라토너로 불리죠
세 살 박이 어린아이를 등에 업으면 정말 신이 나서 달리죠
팔십 어르신과 함께라면 조심조심 모셔다 드리죠
건방진 소년들이 손을 놓고 핸드폰을 만지면
정신 똑바로 차리라고 따르릉따르릉 경종을 울리죠
요즘 내 친구 따릉이는 전철역 근처에 살면서
다른 사람을 데려다주기 위해 기다리고 있어요
나의 아버지는 월급쟁이십니다
나는 길눈은 밝아 출근길 풍경을 일일이 담아두죠
아버지의 어깨와 도시락 무게도 기억해요
막걸리로 하루의 고단함을 넘긴 아버지가 비틀비틀
여덟 팔 자를 그리셔도 기억을 더듬어 꼭 집으로 모시고 갑니다
쥐띠로 태어나 쥐꼬리만큼의 봉급으로 돼지띠 아내와
자식들 먹여 살리기 힘들다고 밤새도록 투정 부리는 아버지를
달래고 달래어 아침이면 여전히 직장으로 모시고 가죠
저녁노을 지는 날망의 판잣집
내가 눈을 시퍼렇게 뜨고 나타나면

아들이 내려와 아버지 대신 나를 데리고 언덕을 올라갔죠
내가 뭐 잘한 것도 없는데 돼지띠 엄마는 애썼다 하시면서
나의 등허리를 연신 쓰다듬어주셨죠
나는 아직도 그 언덕길을 기억하지만
그분들은 지금 안 계시네요

제주 바람에게 묻다

1980년 10월 난생처음 비행기를 타보신 부모님
제주도 민속마을 앞에서 엄마는 쓰러지셨다
아버지는 엄마를 업고 병원으로 달리셨다
여행 기간 내내 병원에서 링거주사를 맞는 엄마
모처럼의 여행 일정을 병구완으로 보내다 오신
아버지는 말이 없으셨다

갑장끼리 회갑기념 제주도 여행 계획을 세울 때
엄마는 볼이 발그레한 새색시처럼 설레었다
집 떠나기 수일 전부터 집에 남겨진 자식들
끼니 챙기느라 마르신 몸에 쉴 틈이 없으셨다
엄마의 체력이 방전되고 있다는 것을
아버지는 집 떠날 때부터 알고 계셨다

2020년 10월 남편과 느긋하게
제주허씨가 되어 제주 여행을 다녀왔다
제주공항에서 서울행 비행기를 기다리는데
불현듯 제주도에서 주사만 맞다가 돌아오신
엄마가 생각나 눈물이 툭툭 떨어진다
얼마나 설레이며 기다리던 여행이었을까
자식 걱정에 마지막 에너지까지 불태워버리신

엄마가 야속하도록 그립기만 하다

세찬 제주 바람에게 묻는다
엄마 계신 그곳은 이제 편안하신지요

웃음통화 인증서

매일 저녁 7시 아들은 나를 찾는다
내 면상을 열한 번이나 콕콕 찌르더니
어머니 저 아들입니다
오늘 하루도 잘 보내셨나요 안부를 묻는다
시골에 사는 내 친구는 어머니 곁에 있다가
그려 잘 있었지 기운 없는 소리로 내게 전해준다
어머니 저녁은 드셨나요
그려 먹었다
밥맛이 없어 저녁을 거른 어머니는
얼렁뚱땅 밥을 먹었다고 거짓말을 하신다

어머니 고맙습니다 하하하하
어머니 사랑합니다 하하하하
어머니 감사합니다 하하하하

아들이 뜬금없이 웃어대어 나를 긴장시킨다
갑자기 웃자고 요구하는 아들의 안부전화에
지랄헌다 웃음이 나와야 웃지, 어머니는 시큰둥하다
내 친구도 놀랐는지 버벅거린다
안 들린 척 어머니는 그려그려 딴청을 피우신다
아들의 높고 빠른 파동을 받은 나는

아들의 사모곡을 온몸으로 전했을 뿐이다
느리고 낮은 어머니의 파동과 엇갈리고 나서야
아들은 빨강 립스틱을 바른 내 입술을 쿡 눌러버린다
아들은 저녁마다 내 몸에서 열이 나도록 나를 부려먹었다
어느 날 어머니는 아들의 높은 파동에 올라타기 시작한다
내 친구가 떨리는 소리로 전해주면서 같이 흥분한다

고^맙^습^니^다 하하하하
사^랑^합^니^다 하하하하

구순 어머니의 웃음소리는 리듬을 타기 시작한다
친구의 몸을 떠난 웃음소리는 단 1초 만에
내 몸을 통과하여 아들도 춤을 추듯이 웃어댄다
아들의 파동과 어머니 파동의 결맞음은
탯줄을 끊기 전 파동과 정확히 일치한다

* 아들 김석명은 어머니 조득출 여사와 2013년부터 2021년까지 2,853일 동안 1,604회의 정기적인 음성통화를 한 기록을 인정받아 한국기록원으로부터 인증서를 받았다.

푸짐하다

인생이 늘 즐겁지만은 않습니다
복잡한 일들은 미리 해결합니다
주름진 마음결도 다리미질해둡니다
허기진 배도 채워 마음의 공간을 넓힙니다
휴대폰을 들고 한적한 공간으로 갑니다
호흡을 가다듬는 여유를 부려봅니다
어머니에게 안부전화를 드립니다

한껏 톤을 높여 어머니를 불러 봅니다
입맛이 없어 식사를 못 한다고 하십니다
있는 힘을 다해 어머니를 다시 불러봅니다
어머니 목소리를 들으니 좋습니다
어머니와 전화하는 것이 좋습니다
어머니 고맙습니다 어머니 사랑합니다
아들은 어머니를 부르다가 목이 잠깁니다

인자 그만하고 너도 저녁 먹어라
그만하면 되얐어 그만혀 그만혀
기운이 없는지 전화를 끊으려는 어머니
어머니를 자꾸 다시 불러보는 아들
남아있는 이생의 순간이 얼마일까요

어머니 안부를 묻는 아들은 조급해집니다
오늘도 잠 잘 주무시고 내일 다시 만나요
그려 너는 참 푸짐하다

날망

서대전 목동 날망 길가 큰 점방
앉은뱅이저울 위에 앉혀놓고 오고 가는 사람들이
그 아가 토실토실 참 이쁘네, 침 바르고 갔다네요
기저귀 젖을세라 갈아주고 배고플세라 젖을 물려주던 엄마의 무조건적 사랑을 받았다네요
동네를 휘젓고 다니며 시간 가는 줄 모르고 놀아도
저녁밥 먹어라 불러주던 사랑의 끈이 있었다네요
바람이 불면 이불호청을 뜯어 잿물에 삶아 풀을 먹이고
햇볕냄새 까실한 이불을 덮어주던 온기를 마셨다네요
소쿠리에 고구마 삶아 꼬들꼬들 말려두고 오가며
군것질하라고 동사로 베풀어주던 사랑이 날망에 앉아 있네요

그 사랑 DNA가 몸속 깊숙이 저장되어 있네요
젖을 물려주던 눈빛으로 세상을 따스히 바라보네요
엄마의 손길이 베푸는 손길로 풀어지고 있네요
햇볕 냄새가 그리워 이불호청을 세탁기에 돌리네요
혼자 잘난 줄 착각하고 산 세월이 날망에 이르니
엄마의 사랑과 교집합되어 같은 맛을 내고 있네요
교사였던 아버지를 제자처럼 떠받들다 가신 엄마처럼
나도 남편 뜻을 받들고 살고 있네요
부창부수 DNA는 내 힘으로 바꿀 수 없나 보네요

〈

석쇠에 구운 굴비를 좋아하던 아버지를 위해
골목에 굴비 냄새를 길게 풍기던 엄마의 날망
나도 남편 밥상에 올릴 굴비를 손질하고 있네요

혈과 혈 사이

여중 1학년 가을 소풍가는 날 아침이다
김밥을 가방에 넣고 신나서 대문을 나서는데 헐
초경이 터졌다 헐
여섯 살 위 순애 언니가 잽싸게 접어서 만든
가로 팔 센티 세로 십팔 센티 소창 천에 묻은 혈
누가 보는 것 같아 자꾸 뒤를 돌아본다 헐
하루 종일 말초신경이 소창 천에 쏠려있다

6학년 재영이 교실에서 코피가 왕창 터져
4층에서 코를 감싸고 내려오는데 계단마다 혈
거즈로 콧볼을 눌러 피가 멎기를 기다리는데 헐
여섯 살 아래 1학년 준영이가 문밖에서 울고 있다
형 코에서 피가 난다고 발을 구르고 울어댄다 헐
동생을 바라보는 재영이 눈가에도 이슬이 맺힌다
엄마가 없어 고모가 키우는 아이들이다 헐
피를 나눈 형제의 애틋함을 바라보던 보건교사
준영이를 안아주며 콧날이 시큰하다 헐

김밥에 손도 안 대고 그대로 들고 온
초경 맞은 사춘기 소녀는 이제 폐경이 되었다 헐
순애 언니 몸이 아파 병원에 누워있다 헐

잽싸게 소창 천을 접어주던 그 곱던 손에
검버섯이 점점 찍혀있다 헐
피로 맺은 자매의 정이 검버섯으로 피어난다 헐
피는 물보다 진하다는 말이 혀 속에서 맴돈다 헐

슬픔을 희석하다

독립한 딸이 집에 온다고 연락을 하면
기쁨과 함께 온몸의 세포가 졸아든다
좋은 일이면 득달같이 문자가 날아온다
정작 그가 필요하면 속을 삭이고 삭인 후
어미 품으로 찾아오는 딸의 습성
내 몸이 이미 낌새를 알아채고 기다린다

엄마가 만든 집밥이 제일 맛있다고
너스레를 떨 때부터 어미는 직감한다
된장찌개 맛있네, 나 지금 슬퍼요
불고기도 맛있네, 나 지금 울고 싶어요
부침개 되게 고소하다, 나 지금 엄마가 필요해요
나를 찾는 소리 없는 외침이 들려온다

소파에 앉은 딸이 무릎을 감싼다
짠 슬픔이 드디어 정체를 드러낸다
꼬미니가 지난주에 하늘나라 갔어요
물꼬가 트인 짠 슬픔이 마구 쏟아진다
그 짠맛에 에미의 살도 푹푹 절여진다
반려견 꼬미니가 핥아주던 손바닥도 슬픈지
손금마다 눈물이 고인다

〈

슬픔이 레코드판 위를 돌고 돈다
딸의 눈물을 보고 내가 울고
내 눈물을 보고 딸이 울기를 반복한다
두 줄기 눈물이 만나 삼투압이 일어난다
짠 눈물이 점점 싱거워지기 시작한다
드디어 딸이 어미 품을 벗어나며
울고 나니 좀 살 것 같다고 싱겁게 웃는다

꽃으로 받은 편지

큰애야
진달래공원으로 이사 온 지 벌써 삼 년이 지났구나
친정 없는 동생들에게 엄마가 되어주니 고맙구나
내가 키우던 문주란꽃이 올해도 꽃을 피웠을 게야
한글 모르는 에미가 쓴 안부편지로 알거라

작은애야
이른 봄바람에 피는 담장 밑 수선화처럼 여린 네가
애쓰고 산 세월을 에미가 헤아리지 못해 미안하구나
큰 나무가 되어 당당히 서 있으니 고맙기만 하구나
에미의 왕골 돗자리 엄마 품으로 생각하고 있거라

셋째야
혼자 알아서 야무지게 잘 산다는 핑계로
네가 남모를 아픔을 연이어 겪을 때
에미가 찾아가 끌어안고 울어주지 못해 미안하구나
너의 그늘에 핀 함박꽃을 예쁘다고만 해서 미안하구나

막내야
일 년 내내 꽃을 피우는 꽃 기린은 네가 가져갔구나
엄마가 아침저녁으로 바라보고 있는 일상편지로 알거라

베란다에 앉아 나비처럼 피어나는 꽃을 손질하던
엄마의 사랑을 너도 나비처럼 훨훨 피워 보거라

평안할 때 밀려오는 불안함

불행 한가운데 서면 그는 뒷짐을 지고 저만치 물러난다
그러다가 그는 아무 일이 일어나지 않는 고요를 노크한다
평온의 끝자락을 들추고 기어이 스며 들어온다

한 며칠 일찍 들어오시던 아버지
밤이 깊도록 귀가가 늦어지는 날이면
귓가에 모래가 쓸려나가는 그의 속삭임이 들려온다
그는 가면을 쓰고 나타나 아버지의 훈계로 변신한다
마비된 언어중추에서 반복되는 말들이 쳇바퀴를 돈다
그에게 괴롭힘을 당하는 것이 싫기만 한 어린 시절
잠자는 척 꾀를 내어 이불로 귀를 막는다
귀를 막아도 그의 음흉함은 막무가내로 쳐들어와
사정없이 잠을 깨우고 영혼을 떨게 한다
그의 정체가 제대로 드러나는 날이면
아버지 늦은 밥상 위 접시들이 쨍그랑거린다

그가 가슴속에서 살아나 울렁울렁 파도를 일으킨다
썰물에 쓸려 밀려왔다 밀려 나가는 모래들의 뒤틀림
편도체 속에 도사린 그의 기억과 닮은 현실이 만나면
그는 격렬하게 반항을 시작한다

이십 대에 황해도 해주에서 부모님과
생이별하고 이산가족으로 살아온 아버지
부모님에 대한 아픔과 그리움이 사무쳐
그가 가끔 아버지의 가슴 속에 찾아올 때면
그는 어미 잃은 어린 짐승이 되어 울부짖는다
나도 이순의 나이가 되고 자식을 키우다 보니
아버지 가슴 속에 숨어있던 그가 이제야 훤히 보인다
진범인 그를 보지 못하고 아버지를 미워했던 날들
평생 그에게 시달려 술로 달래던 아버지
그 아버지를 사랑하지 못했던 내가 미워져
뒤틀린 모래들이 눈물로 쓸려나간다

미안하다

- 어머니 김정우 님께

평생 남을 미워할 줄 모르던 엄마
외며느리가 늘 하던 말 어머니는 천사표
냉동실에 한 움큼씩 먹을 것을 넣어두고
방문객 누구든지 빈손으로 보내지 않는다
네가 가고 싶은 학교를 못 보내줘서 미안하다
내가 너에게 칭찬을 못 해주고 키워서 미안하다
내가 너에게 용돈을 많이 못 줘서 미안하다
엄마 입에서 나오는 말은 늘 미안하다

그렇게 평생 순하게 살아온 우리 엄마
동지섣달 추위에 중환자실에서 누워있다
추운데 내복도 없이 환자복만 입고 누워있다
양손은 침대 난간에 묶인 채 의식이 없다
며칠 만에 엄마의 의식이 잠깐 돌아왔다
서울 딸을 대뜸 알아보고 억울함을 호소한다
저년들이 내 옷을 벗기고 사람취급을 안 한다
늙은이를 개처럼 취급한다고 몹시 화가 나 있다
평생 지켜온 당신의 자존감이 묵살당한 서러움
병원 직원만 보이면 그 순한 입에서 욕이 나온다
엄마가 이 세상에서 내게 남겨준 마지막 말은
평소 늘 하던 말, 조심해서 올라가고 잘 살아라

다시 깊은 잠에 빠진 엄마는 보름 후에
아흔다섯 해, 설날 저녁 일곱 시 눈을 감았다
명절날 떠나서 이 엄마가 미안하다

까치설날이 엄마 제삿날이다
행여 당신 때문에 길 막히고 번거로워질까
제삿밥조차 사양하고 그날 눈을 감으셨나 보다
딸 넷을 둔 엄마의 마지막 배려라고 믿는다

비빌 언덕이 되어주다

- 동생 심남순 님에게

딸 넷의 수다에 접시가 깨질라치면
대화의 결론은 내 동생 막내가 내린다
이십 년 넘게 다닌 헬스장에서 기른 근력이
마음에도 붙어있어 동생이지만 언니 같다
학교 교사로 있는 제부에게 도시락을 한번 싸면
한 양푼 잡채를 만들고 겉절이를 칼칼하게 담아
여러 직원들이 넉넉히 나누어 먹게 만들어간다
딸 넷을 다 합친 것보다 막내의 통이 더 크다
그 마음 통에서 언니 세 명은 헐겁게 살아도 된다
언니인 내가 동생 언덕에 등을 비비고 산다

언니들 떠나고 남은 자리를 끝까지 지켜준 막내
엄마가 부르면 열 일을 제쳐두고 득달같이 달려가
가려운 데를 긁어드리고 문제를 해결해주던 동생
그 수고에 대한 감사를 어찌 말로 다 쓸 수 있으랴
알량한 시 한 편으로 갚아지지 않으리란 걸 알지만
그래도 간단한 세 문장으로 여기 남기고 싶다
이 세상에 내 동생이 있어 참 좋다고
이 세상에 내 동생이 있어 참 든든하다고
비빌 언덕이 있어서 거기에 눕는다고

오십년지기 친구

- 작은 언니 심순희 님에게

언니에게는 가장 가까운 친구가 있다
아침에 만나 얼굴 맞대고 같이 놀다가
저녁이면 잠깐 헤어져 다음날 다시 만나는 친구
그는 언니가 아니면 아마 반기는 이가 없을 것이다
아무도 그 친구의 성격을 몰라 놀아주지 못한다
그 친구는 언니가 다른 친구를 만나 놀다오면
보란 듯이 자기 배 위에 옷감을 잔뜩 쌓아두고
그 옷감이 사라질 때까지 언니를 놓아주지 않는다
처음에는 토라져 삐걱대다가 슬슬 마음이 풀리면
놀다온 시간만큼 자기와 놀아야만 언니를 놓아준다
욕심이 많고 체력이 좋아서 지치지도 않는다
언니가 먼저 손을 들기 전에 그는 쉬는 법이 없다
정전되는 날이 그 친구가 유일하게 쉬는 날이다
평생 일용할 양식이 되어주는 그 친구가 있어
언니는 오늘도 당당히 그를 만나러 집을 나선다
성실을 식물로 삼고 살도록 한자리에 지키고 앉아
묵묵히 언니의 친구가 되어준 그가 너무 고맙다
그 성실한 친구 덕에 큰아들을 의사로 만들고
작은아들은 공무원이 되었다

언니의 오십년지기 친구는 재봉틀이다

명자꽃

- 시누이 김명자 님에게

나무 뒤에 숨어 보일 듯 말 듯
봄이 되면 붉게 웃는 명자꽃
이 꽃 참 예쁘다 이름이 뭐지
꽃은 예쁜 데 이름은 흔한 이름이네

내게도 이름은 흔한 이름인데
그 꽃보다 더 예쁜 사람이 있다
그녀는 내게 더없이 고마운 사람이다
아무것도 할 줄 모르고 시집온 내게
콩나물국 끓이는 법부터 가르쳐주고
최고의 잡채 만드는 법도 그녀에게 배웠다
맛깔스런 음식 만드는 법을 전수해준 그녀는
오히려 늘 나에게 고맙다고 말한다
내가 까칠한 자기 오빠를 품이 넉넉한 사람으로
변신시켜 주었다고 귓속말로 은근히 속삭여준다

화려하지는 않지만 보고 또 돌아보는
명자꽃보다 더 예쁜 명자 아가씨
그녀가 저 언덕 넘어 안양에 살고 있기에
그녀를 생각할 때마다 나는 늘 웃음이 난다
고명딸이지만 세 아들보다 더 큰 몫으로

홀로 계시는 어머니의 외로움을 안아주고 있다
우리 가족의 큰 버팀목이 되어주는 명자 아가씨
뒤에서 보일 듯 말 듯 아름다움으로 서 있는
그 명자꽃을 나는 진정 사랑한다

가장 아름다운 시

푸른 언덕의 초등학교 후문
딱 한 평 크기의 보안관실이 있다
작은 공간이지만 필요한 것은 다 있다
에어컨 선풍기 냉장고 전자레인지 라디에이터
추위와 더위를 적절히 막아주니 살만한 곳이다
60대 정년퇴임 후에 얻은 귀한 일자리이다
오전에 아이들을 돌보는 권 보안관
오후에 아이들을 돌보는 심 보안관
시간을 달리하여 그 공간을 같이 사용한다
서로에게 무례하지 않으려 애쓰며 일한다
푸른 언덕에 큰 나무들이 많아 고즈넉하다
나무가 많으니 까치 비둘기 많이 날아온다
해가 지면 귀를 씻어준 맑은 새소리 잠든다
새소리가 내 마음에 둥지를 트는 날에는
초보 시인은 시도 한 편 얻어 간다

자연스럽게 서로의 가족이야기를 나누다
권 보안관 딸 세희, 심 보안관 아들 왕수
동갑이고 사귀는 남친 여친이 없다는 것을 알고
부모들이 자기 자녀를 자연스럽게 소개하였다
서로 좋아하는지 잘 만나고 있는지 내색을 않는다

부모가 매일 얼굴을 대하니 쓸데없는 말이 나올까
두 아이가 약속이나 한 듯 감쪽같은 사랑을 했다
양가 집안이 보안관 복장을 벗고 정장으로 만났다
왕세 자(子) 커플이 탄생한 것이다
빛날 왕(旺) 왕수, 빛날 희(熙) 세희
이보다 더 빛나고 기쁠 수는 없다
세상에서 가장 아름다운 시 한 편을 건졌다

야상

춥지도 덥지도 않아 어정쩡한 십일월 초
겨울옷도 아닌 어정쩡한 옷을 입고
두 번째 만나는 어정쩡한 그와 관악산에 갔다
마음도 걸음도 딱 두 걸음 뒤에서 따라 오른다
정상에 오르니 땀이 식어 찬바람이 살을 에인다
그가 말없이 배낭에서 야상을 꺼내 입혀준다
나의 덜렁거림을 알아챈 섬세함이 놀랍다
야상 내피에 숨어 따라온 식지 않은 공기가
오싹하게 추운 나를 덥히기 시작한다
마음속 무풍지대에 감추어둔 얼음 한 덩이가
그의 옷장 속 훈기에 천천히 녹아든다
만산홍엽을 밀어내며 망막으로 그가 들어온다
그때, 그 누구에게도 열지 않던 마음 벽에서
단 하나의 벽돌이 툭 하고 떨어졌다

하산할 때 누가 먼저인지 둘은 손을 잡고 있었다
35년 전 잡은 그 손을 지금도 놓지 않고 있다

3부
바람의 자기소개서

낙엽 쓰는 소리

돌봄교실 앞마당에
백 살쯤 되는 비술나무 세 그루 서 있다
늙은 닭이 볏을 세우고 모래 털듯이
작고 마른 잎들이 우수수 떨어진다

심영, 어서 쓸자 나뭇잎이 떨어진 앞마당 낙엽은
계단과 현관과 마당을 덮고 있다

심영, 그대는 좋아하는가, 낙엽 쓰는 소리를
낙엽은 싸르락싸르락 몰려다니는데
낙엽은 아이들 재잘거리는 소리 같다

심영, 그대는 좋아하는가, 낙엽 쓰는 소리를
해 질 무렵 낙엽은 안쓰럽고 추워 보이는데
제 동무끼리 있으라고 한곳에 모아둔다

심영, 그대는 좋아하는가, 낙엽 쓰는 소리를
발에 밟히면 낙엽이 부서져 아프다고 울어대는데
낙엽 쓰는 소리 더 거칠어져 간다

심영, 그대는 좋아하는가, 낙엽 쓰는 소리를

오라 우리도 언젠가는 귀밑머리 희어져 가리니
오라 날은 저물고 바람은 우리들 옷깃을 여미고 있다

심영, 그대는 좋아하는가, 낙엽 쓰는 소리를

* 레미 드 구르몽의 「낙엽」을 패러디하다

바람의 자기소개서

청구초등학교 운동장이 나의 현주소입니다
소나무 향나무 울타리 모래 위에서 잠을 자네요
심심하면 남산도 놀러 가고
가끔은 강바람을 쐬고 오기도 하고요
작년 가을운동회날 만국기 휘날릴 때가
내 인생 최고의 즐거운 날이었지요
설탕을 돌려 솜사탕을 일구고
설탕을 구워 달고나를 굽고
고소한 곡물냄새의 뻥 과자 튀길 때
1학년 아이들은 함박웃음이 터졌고
엄마들의 향수 냄새까지 황홀했답니다
코로나19로 우리 집에 놀러 오는 친구들의 발길이
뜸해져서 너무 심심해요
축구를 좋아하던 철이의 땀방울을
본 지가 언제인지 기억도 없답니다
오늘은 오랜만에 야구부 선수들이 스윙연습을 하면서
가려운 내 등을 긁어주니 너무 시원했어요
할 일이 없는 요즘은 심술이 나서
메마른 나뭇잎만 툭툭 떨어뜨리고 있답니다

매일 소풍 가는 여자

아내가 차린 저녁 밥상은 최고의 예술품이라는 말로
남편은 아내를 오랫동안 길들여 왔다
갓 지은 밥에 맑은국 제철나물을 상에 올려
삼십 년 동안 작품성 높은 밥상을 만들어왔다
그런데 아내는 오후에 일하는 직장여성으로 변신했다
아내의 정성을 주문하는 남편의 따가운 눈총을 이제 거부한다
이제 오후 3시부터 저녁 8시까지 아내는 식탁에서 부재 중이다
남편은 혼자 저녁 밥상을 차려 먹으며 홀로서기를 하고 있다
아내는 일터에 가기 전에 저녁 식사로 김밥 한 줄을 산다
분식집 아주머니는 단 1분 만에 저녁 한 끼를 만들어낸다
아내는 김밥 한 줄에 녹여진 우주의 기운을 먹는다
두 시간 동안 다듬고 무치고 굽고 조리고 볶아서
예술 밥상을 만들어내던 아내는 이제 해방되었다
저녁 밥상에서 해방된 아내
아내는 매일 소풍을 간다

새들의 취침법

뒷동산에 느티나무 참나무 비술나무 우거져 있다
초고층 나무 끝에 집을 장만하는 새들의 안목이 놀랍다
어리숙한 비둘기가 까치집 근처를 어른거리면 비상벨을 켜고
우리 집에 왜 왔니 왜 왔니, 요란하게 울어댄다

해 떨어지면 바로 잠자리에 들어야 하는
새들의 취침법은 나뭇잎에 빼곡하게 기록되어 있다
어서 집에 들어와라 길 잃어버릴라
까치 비둘기 박새 제각기 나뭇가지에 글을 큰소리로 읽는다
초저녁이면 제 새끼들을 간절히 불러 모으는 어미들
새들의 지저귐은 늦은 저녁이면 어김없이 스르르 가라앉는다
낮과 밤의 경계에서 제 새끼들을 챙긴 새들이 잠자리에 들면
새가 사는 동네는 금을 긋듯이 일시에 조용해진다

사람들은 클럽으로 동대문야시장으로 테라스카페로
새들이 잠든 시간에도 밖으로 몰려나온다
형형색색 네온 불을 밝히고 와글와글 활동한다

새들의 질서를 무시하고 박쥐들의 리듬을 파괴한다
지금 새들의 수면을 방해한 죄로 사람들이 죽어가고 있다
언제까지 새들의 취침법을 무시할 텐가
마스크 벗고 박 속 같은 친구의 웃음을 보아야 하지 않겠는가
사람들도 새들처럼 해 떨어지면 금긋듯이 잠자리에 들어야 한다

그랬구나

퉁퉁 부은 얼굴로 어제 책가방을 그대로 들고 나왔다
발이 허공에 둥둥 뜬 채로 학교에 갔다
선생님 말씀이 귓바퀴에 걸려 있다
얘야, 어디 아프니
선생님, 머리가 너무 아파요
6학년의 나는 보건실로 갔다
큰엄마 같은 보건 선생님이 반겨준다
열은 없는데 어젯밤에 잠을 못 잔 얼굴이네
얘야, 집에서 무슨 일 있었니

어제 아빠가 엄마를 때렸어요, 그랬구나
너무 심하게 때려서 엄마가 죽을 것 같았어요, 그랬구나
너무 무서워서 112에 신고했어요, 그랬구나
경찰 아저씨는 집안일이니 두 분이 화해하라고 했어요, 그랬구나
경찰 아저씨가 돌아가고 나서 아빠가 또 욕을 했어요, 그랬구나
아빠가 너무 무서워요, 그랬구나
머리가 너무 아파요, 그랬구나

보건 선생님은 말없이 눈물을 흘리며

두통약 대신 그랬구나 그랬구나
자꾸만 내 등을 쓰다듬어줍니다

삭발당한 나무

우리의 연수가 칠십이요 강건하면 팔십이라도
그 연수의 자랑은 수고와 슬픔뿐이요 신속히 가니
우리가 날아가나이다 모세의 기도가 떠오른다

팔십 살 먹은 비술나무도 이웃 주민들에게
모함 받고 지청구뿐이다
바람결에 학교 담장을 넘어가는 나뭇잎이 쌓여
하수구 막히게 한다고 아우성이다
키 큰 나무가 만든 그늘이 너무 길고 짙어
집안에 볕이 안 든다고 몇 년째 민원이다

비술나무 러시아 탱크에게 짓밟힌 듯 삭발당했다
나무들이 전기톱에 사정없이 잘려 나간다
단지 이웃이라는 이유로 진저리나는 폭탄이 쏟아지는 나라
고향을 떠나는 우크라이나 시민들이 보인다
키이우에 남아 나라를 지키고 있는 젤렌스키처럼
팔다리가 잘려 몸통만 남은 나무는 밤새 환상통에 시달린다
우크라이나 어린 아가들이 울다 지쳐 늘어지듯
트럭에 실려 나가는 연한 잎들도 울다 늘어진다
먼 나라의 작은 손들과 실려 나가는 작은 잎들이 점점 오그라든다

〈

우크라이나 난민들처럼 제집을 잃은 까치들도
놀라서 삭발한 나무 위를 돌고 돈다
까치들 노랫소리 까악까악 슬픈 울음소리로 들린다
목동 날망 골목길은 아이들에게 최적의 놀이터였다
문 열어두고 부침개 기름 냄새도 나누어 먹는 동네
꼭 한번 다시 가고 싶은 고향집은 재개발로 삭발당했다
추억을 송두리째 잃은 내 가슴도 까악까악 슬피 울고
우크라이나 난민들도 지금 까악까악 울고 있다
먼 친척보다 이웃사촌이 더 낫다는 말이 부정당하고 있다

수선화 단상

전염병 창궐하는 어수선한 세상
자연의 상승기류는 전혀 주저함이 없다
겨우내 얼었던 흙이 들려 올라와
지구가 항복하고 기우뚱한다
여리디여린 새움이 밀어 올리는 힘이다

지난봄에 심은 수선화 한 촉이
수선수선 무슨 일을 벌인 것인지
여섯 개의 촉을 이끌고 나온다
흙더미로 덮어두고 돌아보지 않아도
다산으로 당당히 홀로서기 한다

따뜻하게 입히고 먹여
세상 부러울 것 없이 키워낸 자식
취업도 못 하고 결혼도 안 한다
어수선한 세상 수런거리며
저출산 시대에 휘청거린다

흙에서 와서 흙으로 돌아가는
자연의 일부이기는 매한가지
여섯 개의 촉까지야 바라지 않으니

수선화 어여쁜 촉을 들여다보거라
볼우물 여문 자손들 좀 안겨주려마

삼월 중순에 하얀 눈이 내리고
세상이 하 수선하여도 봄은 봄이다
너무 일찍 내민 수선화 어린 촉
지난밤 눈비에 얼지는 않았을까
밤새 잠자리가 어수선하다

하나님은 아픈 내 마음을
언제 저리 곱게 수선해 놓으셨을까
자고 일어나니 수선화 한 포기 예쁘게 피었다

건조한 삶을 거부당하다

벽에 들어앉아 얼굴을 보여주지 않는 지문인식기
출퇴근 시간이면 그 통제자의 허락을 맡아야 한다
기분 좋은 날이면 그는 손가락을 대는 순간 단번에
띠리리 띠리리 경쾌한 목소리로 통과시켜준다
어떤 날은 손가락 끝으로 아무리 애무해도
반응하지 않고 냉랭한 마음을 풀지 않는다
외계인 ET와 손가락에 불을 켜고 소통하는 소년처럼
나도 그와 손가락으로 마음을 나누고 싶다
마음을 열지 않는 그가 야속해 내가 먼저 포기하는 날이면
그와 왜 화해하지 않았는지 사유서를 써야만 한다
손 마를 새 없이 집안일을 하고 오는 날이면
유난히 더 토라져 아예 마음을 닫아걸곤 하는 그

나도 다른 이에게 반응하지 않고
살아온 날이 얼마나 많았는지 모르겠다
마지막이라며 꼭 나와달라는 어떤 이의 편지를 묵살한
적도 있다
서울 딸아 보고 싶다 한번 다녀가다오, 하시던
친정엄마의 생애 마지막 부탁마저 들어드리지 못했다
건조하게 살아온 그간의 삶에 대하여
그가 거부권을 행사하며 나의 죄를 묻고 있다

꽃

그 아이가 내 이름을 불러주기 전에는
나는 다만 보통의 보안관에 지나지 않았다
그가 나의 이름을 불러주었을 때
그 아이는 내게로 와 꽃이 되었다
우리들은 모두 무엇이 되고 싶다
너희들은 나에게 나는 너희들에게
잊혀지지 않는 하나의 기쁨이 되고 싶다
돌봄교실에서 늘 마지막으로 가는 아이
돌아가는 길에 달리는 엄마 차 문을 내리고
어린 몸을 절반 내밀어 큰소리로 인사한다
맑고 청아한 목소리로 나를 불러준다

보안관 선생님, 안녕히 계세요

그 아이의 인사가 가슴을 뛰게 한다
1학년 사내아이가 매일 건네는 인사가
하루의 끝자락에 슴슴한 기쁨이 되고 있다
슴슴한 맛인데 자꾸 중독되는 평양냉면 맛처럼

* 김춘수의 「꽃」을 패러디하다

햇볕 영화관

가을배추는 푸르고 싶어 안달인데
영양가 없는 늦여름 비가 연일 내린다
여름의 끝자락이 떠나지 못하고 질척인다
저기압이 짓누르니 종일 뒷목이 묵직하다
젖은 나뭇잎도 두통에 시달리는지 처져있다

얼마만인가 비 개인 초가을 하늘이 청명하다
바람이 살랑 불어오니 코끝이 시원하다
강한 햇볕이 짙은 그림자로 벽에 영상을 쏘고 있다
나뭇잎이 바람의 손을 잡고 왈츠를 추며 돌고 있다
한 아이가 화면 안으로 들어오고 다른 아이가 뒤쫓는다
햇볕영사기가 오래된 흑백영화를 상영 중이다
바람과 춤을 추던 느티나무가 피아노를 연주한다
리차드 클레이더만의 가을의 속삭임이 들려온다
어린 딸이 가녀린 손가락으로 들려주던 힐링곡이다
피아노 선율을 따라 느리게 흔들리던 나뭇잎들이
다시 바람의 손을 잡고 멀리 달아나고 있다
햇볕영사기가 시나브로 잦아들며 막이 내린다

마당에서는 아이들이 바깥놀이를 하고 있다
아이들 마음의 눅눅함도 햇볕 빨랫줄에 널린다

온몸을 굴려 가며 바삭바삭 마음을 굽는다
햇볕에서 아이들 웃음소리가 난다
맑은 하늘빛에서 가을이 성큼 걸어 나오고 있다
축 늘어져 있던 생각들이 가을 햇볕에 일어나
언어라는 존재의 집 앞을 서성인다

새들의 카페

봄비가 멎고 햇살이 비춘다
은행나무카페에 박새 동창들이
번개팅으로 모였다고 동네가 시끌하다
검은머리 박새는 물방울 차를 주문
흰 뺨 박새는 햇살담은 차를 주문
초록깃털 박새는 봄바람 차를 주문했다
동창회장 박새가 찻값을 낸다고 쨱쨱 목청을 높인다
얘들아, 봄 햇살 아까우니 날갯자락 펼치고 차 마시자
지붕 없이 사는 우리 신세 봄비가 반갑지도 않더라
이파리에 담긴 물방울 차를 쪼아 홀짝대며 수다를 푼다

박새들의 우정이 부러운 까치 불청객이 다가와 집적댄다
차 마시던 박새들 화들짝 놀라 사방으로 흩어진다
카페주인이 굵은 가지를 툭 쳐서 까치를 몰아내고
하트 이파리로 손짓하며 흩어진 박새를 불러 모은다
다시 모인 박새들 초록 이파리 갈피갈피 숨어들어
새가슴을 쓸어내리며 다시 수다를 풀어낸다
자릿세도 안 받고 카페를 열어준 주인 나무는
박새들의 수다에도 사랑의 미소를 보내며 흔들어준다
박새초등학교 동창회 소식은 은행나무 이파리에 빼곡히 기록되었다

팬데믹 계절에 수십 명이 모여도 아무도 말리지 않는
박새들의 자유가 부러운 비 개인 오후 한낮 풍경이다

맷집의 근원

- 정명란 선생님께

충남여중 3학년 7반 교실
2교시 수업 후 후다닥 까먹는 도시락
그 기막힌 맛은 이제 향수가 되었다
3교시 수업 들어온 입덧 중인 가정 선생님
교실 문 열다가 김치냄새에 욱, 달려 나간다
점심시간에 갑자기 들어온 담임선생님
책상 위에 도시락 올리고 뚜껑 열어라
비어있는 양은도시락 숟가락 소리 요란하다
지휘봉 자국 선명한 손바닥에서 불이 난다
배고파 밥 좀 먹었다고 매를 맞는다

나의 절친 정명란 영양교사
그녀는 우아한 식탁을 만드는 조련사다
조미료 하나 안 쓰고 국물을 우려낸다
친환경재료로 슴슴하게 반찬을 만든다
아침마다 학부모들이 와서 식재료를 검수한다
좋은 재료로 아이들 음식을 만드니 대만족이다
염도기로 딱 맞춘 짜지 않은 따뜻한 미역국
눈에 거슬리지 않게 고루 넣은 영양잡곡밥
토마토에 치즈 새싹채소 발사믹소스 토핑한
토마토 카프레제와 기름진 오삼불고기

연근조림 김치에 귤 한 개는 후식이다
우아한 점심시간 풍경에서 치즈 냄새가 난다
깔짝대고 밥 안 먹으면 눈총의 매를 맞는다

먹고 돌아서면 배가 고픈 양은도시락
꽁보리밥 열무김치 고추장에 쓱쓱 비벼 먹으며
매 맞을 각오로 다음 날 2교시 또 도시락을 비우던
그 시절의 맷집으로 오늘을 산다

준이의 투정

인상을 잔뜩 쓰고 준이가 들어온다
배가 아프다면서 허리를 펴지 못한다
어린이 정장제를 먹고 침대에 누워있더니
갑자기 더 아프다고 못 참겠다고 난리다
준이네 집으로 전화를 돌린다
키가 크고 건장한 할아버지가 와서
손주를 덥석 업고 병원으로 가신다
장에 가스가 차서 일어난 복통이란다
축구를 잘하는 준이는 언제 아팠냐는 듯
다음날 아이들과 운동장을 휘젓고 다닌다

아빠는 일찍 세상 떠나고 엄마는 재혼했다
엄마 없는 빈자리를 누가 채워줄 수 있으랴
할아버지마저 집에 없는 날이면 더 칭얼거린다
준이의 깊은 외로움과 그리움에는 명약이 없다
4학년 남자아이가 사랑이 고프다고 말하고 있다
사랑이 고파 배가 아프다고 돌려서 말하고 있다
그러나 보건교사는 해줄 수 있는 것이 없다
언제든지 속이 메슥거리면 와도 돼
언제든지 배가 아프면 와도 돼
언제든지 그냥 와도 돼

그냥 말없이 웃어준다
준이 마음에 반창고 하나 붙여준다

시골집 격리되다

야이, 콜라 땜시 시방 동네가 난리여
마을 입구를 막아놓고 아무도 못 들어오게 한당게
마을회관 앞에 천막치고 보건소에서 나왔다는디
읍내 공무원들이 와서 동네 사람덜 다 검사한다고
시방 마을 이장이 다 나오시라고 계속 방송했쌌네
어메는 지금 꼼짝도 못하겄는디 어째쓰까 겁나네
서천여객 버스기사가 처음으로 옮겼다는디
그 버스에 우리 화금리 아줌씨들이 탔다자녀
그것도 모르고 마을회관에 모여서 윷놀이를 했는디
윷놀이한 아줌씨 네 명이 다 콜라에 걸렸다누만
쥐도 새도 모르게 버스에 태워서 데려갔당게

치매로 홀로 계시는 시골어머니의 다급한 전화에
남편도 다급하게 어머니 꼼짝 말고 집에 계세요
그 사람들이 집으로 검사하러 오도록 할 테니까요
어머니는 결국 출장검사를 받으시고 음성이 나와
요양보호사도 없이 격리돼 14일간 홀로 버텨내었다
늘 코로나를 콜라라고 부르시는 어머니
언어의 맥락을 관통하는 감각이 있으신가 보다
외국어용례사전에 코로나가 주류, 음료라고 나온다
2020년 12월 서천 화금리 마을회관에서 윷놀이한

아주머니 중 한 분은 결국 운명을 달리했다

2022년 3월 나도 코로나19 확진을 받고 격리 중이다
내 몸의 평형수가 새어나가 휘청하는 느낌이 든다
바이러스가 목구멍에 진을 치고 쉼 없이 간질인다
각자도생 각방도생 실내 거리두기로 버티고 있다
이 나라는 지금 코로나19 모라토리엄이다
봄꽃들만 세상모르고 피어나고 있다

투명마스크

송파구 가락동 아파트 일만 세대가 새로 입주한
명품아파트에 코로나19 확진자 한 명이 발생했다
그의 이동경로가 휴대폰 안전문자로 댕강댕강 올라온다

마스크를 턱밑에 대충 걸치던 주민들이
눈 밑까지 끌어올리고 콧잔등을 꾹꾹 누른다
놀이터에서 노는 아이의 엄마는 문자가 뜨자
아이를 데리고 들어가 비누거품으로 손을 씻는다
엘리베이터에 탄 사람들은 숨소리조차 없이 조용하다
어쩌다 마스크를 안 쓴 사람을 만나면
일제히 가자미눈을 하고 쏘아 본다
말 배우는 아기들은 입 가린 엄마가 이상해 울음을 터뜨린다
입모양을 보고 수화하는 농아학생도 울상이다

지하에 계신 세종대왕님 혀를 끌끌 차시며 이르시되
훈민정음 해례본에 집현전 학자들이 선명히 밝혔느니라
조선의 말과 글은 우주와 사람의 만남이니라
천지인 우주를 본떠 모음을 만들고
입모양을 본떠 자음을 만들었나니
입모양도 볼 수 있고 바이러스도 막아낼 방책을 찾아보거라

여봐라, 집현전 학자들은 다들 어디 갔느냐
입이 보이는 투명마스크를 만들도록 하라

대서특필

후끈후끈 뜨거워야 할 대서(大暑)에
하늘이 뚫렸는지 사흘 내내 장맛비가 내린다
FM 라디오에서 흘러나오는 피아노소리와
땅바닥을 두드리는 빗소리가 이중주로 어우러진다
대서에 이렇게 감미로운 협주곡을 듣게 하다니

비는 더 세차게 내리는데
어느 지인의 글이 톡방에 올라왔다
사실 저는 비 오는 것도 좋아요
시어머니 죽 사러 나갔다가
건널목에서 신호를 기다리는데
서러움에 육성으로 소리 내어 울었어요
정말 아무도 모릅니다
우산이 가려주고 빗물이 가려주고
빗소리가 가려주더라고요

그녀의 친정엄마는
치매로 오래도록 요양병원에 계신다
코로나19로 엄마 얼굴 못 본 지가 오래되었다
십 년째 시어머니 병수발을 하는 그녀 마음은 온통 엄마한테 가 있다

건널목에 서서 그리 크게 울어도 아무도 듣는 이 없게 하시려고

더 세차게 이중주로 비를 뿌리셨나 보다

늦장맛비, 며느리 설움을 가리다

아, 대서특필이다

별이 되는 법

코로나19 바이러스로 인해
중국에 공장이 안 돌아서 그런지
오랜만에 본 밤하늘에 별들이 초롱하다

진실을 마주하면 알게 되지
너와 나는
별 볼 일 없는 존재라는 것을

벗겨 놓고 보면 알게 되지
그대와 나는
진정 별 볼 일 없는 존재라는 것을

바닥에 내려가 보면 알게 되지
나와 또 다른 나는
너무나 별 볼 일 없는 존재라는 것을

별 볼 일 없는 존재가
별 볼 일 있는 존재가 되는 것은
별이 찾아와 줄 때뿐이지

별 볼 일 없는 내가

별 볼 일 있는 내가 되는 것은
내 이름을 그대가 불러줄 때뿐이지

별은 오직 남을 위해 반짝인다는 것
딱 그 한 가지를 알게 되면
우리는 진정한 별이 되지

딱 한 방울

물기 없는 손으로 서류를 넘긴다
종이들이 모두 제 얼굴을 돌리고 언제 보았느냐고
비식거리며 도무지 말을 듣지 않는다
딱 한 방울의 물기로 아첨하듯 달래야
못 이기는 척 슬쩍 넘어가 준다

메마른 손으로 새 쓰레기봉투를 연다
비닐들이 서로 딱 붙어서 언제 보았냐고
비식거리며 도대체 말을 듣지 않는다
기어이 장갑을 벗고 한 방울 침을 묻혀
슬슬 비비며 어르고 달래야만 겨우 말을 듣는다

갓 나온 지폐들은 무슨 작당을 했는지
비식거리며 떨어지려 하지 않는다
지폐들도 성질깨나 있어 맞대결하면
건조한 손가락을 베어 피를 보고야 만다
한 방울 물로 살살 달래야 겨우 떨어진다

떨어져 사는 딸이 코로나19로 격리 중이다
딸 좋아하는 음식과 과일 한아름 딸네 집 앞에 두고
얼굴도 못 보고 돌아나온다

엄마! 감동받아 눈물 찔끔 중이에요, 카톡이 왔다
내 눈에서도 눈물 한 방울 그렁그렁 떨어진다
딱 한 방울의 눈물이
격조했던 모녀의 아픔을 부드럽게 달래준다

잘린 것들에 대하여

코로나19로 자영업자 중 10퍼센트가 문을 닫았단다

16만 명 고용 인력이 잘려나갔다
식당 매출이 반 토막으로 잘려나갔다
카페 아르바이트생 일자리가 잘려나갔다
문 닫은 여행사 직원들 월급이 잘려나갔다
화장품가게 손님들 발걸음이 잘려나갔다

잘려나간 영화마니아들은 넷플릭스로 몰렸다
잘려나간 대학가 하숙집 밥 짓는 냄새 그립다
잘려나간 아이들 노는 소리 줌으로 빨려들었다
잘려나간 교회 종소리 유튜브가 쓸어 담았다
잘려나간 여행 계획 틈새로 우울증이 들어섰다
잘려나간 조기축구회 마니아들 발에 곰팡이 피었다
잘려나간 동창 모임 회비는 먼지에 쌓여간다
잘려나간 돌잔치 아가들 돌잡이 소식도 사라졌다
잘려나간 결혼식 하객들 축의금도 반 토막 났다
잘려나간 장례식 조문객 부의금도 반 토막 났다
잘려나간 제삿밥 조상님들 오던 발걸음을 돌리신다
잘려나간 명절모임 며느리들은 돌아서서 웃는다
잘려나간 며느리 명절증후군 힐링 업체들 울상이다

〈

코로나19가 활개친 삼 년 동안
보이지 않는 칼로 베어진 생활문화 잔해들
무참히 잘려나간 일상들은 언제나 돌아올까
삼 년 내에 돌아올 수 있을까

묵언 수행 중

섭씨 40도 온탕에 가만히 들어가 앉는다
따뜻한 물을 만나 오그라진 살갗이 녹아드는 순간
따뜻한 물속에서 최초의 순간으로 리셋되는 즐거움
엄마 자궁 속 태아기 세포의 기억들이 기어 나온다

비누 거품일 듯 요란스런 질펀함과
경계 없는 목욕탕 풍경은 사라졌다
물소리를 덮어 누르던 수다가 사라진 지금
물소리만 살아서 알파파가 고막으로 들어온다

사우나실의 진짜 주인을 찾아준 코로나19 시대
경고성 안내판이 눈 돌리는 곳곳마다 붙어있다
열탕 온탕 냉탕 들어갈 때 반드시 마스크 착용
탕 안에서는 대화를 자제하시기 바랍니다

마스크로 입을 가린 얼굴만 물 위에 잠잠히 떠있다
군살 없는 몸매에 얼굴까지 예쁘면 질투가 솟았는데
입을 가리니 과녁이 사라진 질투조차 무덤덤해진다
마스크 한 장이 사우나실을 평정한다

4부
어머니의 까시래기

생명의 노래

홀로 외로운 아담을 깊이 잠들게 하셨어
그의 갈빗대 한 대를 취해 살로 채우셨지
이브를 만드시고 아담에게 데려오셨어
이는 곧 내 뼈 중의 뼈요 내 살 중의 살이라
나는 남자 너는 여자라고 약속하자 했지
남자가 부모를 떠나 아내와 함께하라 했지
둘이 한 몸을 이루고 살라 했지 뼈뼈 살살

뼈와 뼈가 부딪히는 날은 등뼈가 시렸어
살이 살을 쿡쿡 찌르는 날은 핏대가 솟았어
정상궤도를 벗어난 뼈가 쨍그렁거렸어
가시 돋친 살에 살이 푹푹 찔리면 아팠어
소리 없는 싸움 지독히 무섭고 외로웠어
등 돌리고 웅크리고 자는 밤이 너무 슬펐어
나는 나 너는 너 갈 데까지 가보자 그러자

바람 불고 추운 날 어린 딸아이가 아팠어
남자는 외로워했지만 여자는 외면했어
여자는 오직 아픈 딸아이만 바라보았지
여자의 꿈에 예수가 나와서 말씀하셨지
이는 곧 내 뼈 중의 뼈요 내 살 중의 살이라

내 뼈가 아플 때 당신 뼈도 아프다 하셨어
내 살이 아플 때 당신 살도 아프다 하셨어

나는 너고 너는 나다 큰 울림이 들려왔어
시린 어깨를 돌려보니 또 다른 시린 등이
상처투성이 시린 등이 웅크리고 있었어
아담 입에서 나온 최초의 시가 내게로 왔어
우주에서 미아처럼 떠돌다 내 품에 왔어
부러진 뼈가 상처 난 살에 가만히 기댔어
상처 난 살이 아픈 뼈를 살그머니 감쌌어

에덴에서 흘러나온 강물도 춤을 추었지
에덴에서 부르던 노래도 생명을 얻었지
뼈뼈 살살 뼈뼈 살살 뼈뼈 살살 뼈뼈 살살

아모르파티*

중절모에 빨강 나비넥타이를 깔맞춤으로 차려입고
빠른 비트에 따라 오른쪽으로 빙글빙글 춤을 춘다
아모르파티 리듬이 일곱 명 부장교사들과 흥겹게 돌아간다
전 교직원이 모두 일어나 박수를 치면서 앗싸 호응해준다
초대받아 온 화성인 남편도 신나서 어깨를 들썩인다
인생은 지금부터라는 주제로 작은 홀을 빌려 치르는 정년퇴임식
강렬한 비트로 네 운명을 사랑하라고 등을 떠민다

호랑이 아버지 훈계받으며 성장한 20년
사관학교 나와 나라를 위해 헌신했던 10년
연년생 두 아이 손수 기르며 엄마로 산 10년
가정과 일을 병행하며 숨 가쁘게 산 20년
딸 간호장교 엄마 선생님 딱지 떼어버리고
오롯이 내 이름 석 자 자연인으로 돌아왔다
저 깊은 곳에서 네 자신을 사랑하라고 등을 떠민다

자유인 첫날 안산 둘레길을 걷는다
늘 매여 있던 8시간을 빼앗아 온 개선장군이다
평일에 일 안 하고 덤을 얻은 것 같은 생경함이다
서점에 들러 어느 여류시인의 시집을 집어 들다가

시에 대한 열정이 섬광처럼 뇌리를 스치고 지나간다
아모르파티 비트가 온몸을 타고 흐르고 있다
詩의 가슴을 사랑하라고 강하게 등을 떠밀고 있다

* 아모르파티(amor fati) : 너의 운명을 사랑하라는 뜻.

몸의 반란

여주가 당뇨에 좋다는 말에 별다른 생각 없이
생 여주를 야채와 섞어 볶음요리를 만들었다
남편은 아내가 만든 생 여주 요리를 거부한다
레시피를 보고 열심히 만든 아내 손이 무색하다
마음이 상한 아내는 여주요리를 오기로 먹는다
혼자 먹은 아내의 몸속에서 반란이 일어난다
가려움이 전신 혈관을 타고 돈다
스멀스멀 불쑥불쑥 발진이 돋는다
온 전신에 툭툭 두드러기가 강타한다
혈관이 닿는 곳마다 숨바꼭질하듯
여주의 생김새 그대로 울퉁불퉁 튀어나온다
두드러기가 심할 때마다 응급실로 달려간다

내가 내 몸의 가치를 모르고 넋 놓고 있는 순간에도
내 몸의 면역시스템은 방패가 되어 나를 철저하게 지키고 있다
자기 안에 들어온 독성이 싫다고 아우성치는 반란
생생하게 작동되는 세포의 자기 사랑을 본다
한 치의 게으름도 피우지 않고 자기 몸을 지켜
새벽마다 사이렌을 불어 경고등을 울어댄다

오기까지 발진이 되어 돋아나온다

발진보다 더 지독한 오기가 내 몸에 숨어있다
여주같이 울퉁불퉁한 속사람이 툭툭 튀어나온다
미련한 주인을 만나 고생하는 내 몸아 미안하다
눈으로 보아야만 아는 어리석음을 용서해다오
싫은 것은 싫다고 내뱉는 내 몸의 정직함이 고맙다
숨통만은 조이지 않고 살려주니 반란도 스토리가 된다

결대로 살다

사람은 사람의 형상으로 빚으시고
동물은 동물의 형상으로 빚으셨네
창조의 계획대로 얼개를 짜 놓으셨지
눈이 달릴 곳에 귀를 붙이지 않으시고
입이 달릴 곳에 코를 붙이지 않으셨지
이마에 흐르는 땀은 눈썹 댐 옆으로 흘러
짠물이 눈으로 들어가지 않게 배려해주셨지
팔 길이는 딱 급소를 가릴 수 있게 만드셨네
발바닥 아치는 그 곡선이 얼마나 아름다운지
온종일 서 있어도 피곤치 않게 힘을 분산시켜주네
얼개는 비슷한데 그 결은 다 다르네
별처럼 수많은 사람 중에 나는 단 한 사람
오직 나에게만 있는 단 하나의 결을 주셨네
갈 바를 모르고 무지막지하게 걸어왔지
할 수 있다는 자신감 하나로 긴 세월 버텨왔어
돌부리에 넘어지고 피눈물도 흘렸어
뜻한 바 이룬 것도 있고 잃어버린 것도 있었네
내 흥에 겨워 거칠게 살아온 인생이었어
내 결대로 열심히 살았다고 떠벌렸지
시를 쓰면서 새로운 눈이 뜨였어
스스로 존재하는 그분의 현존을 깨달은 거야

내 얼개를 채우고 있는 나의 결들을
그분이 지금까지 만지고 있었다는 것이 느껴져
나의 숨결도 그의 허락 안에서 살아 숨 쉬고 있어
이제 내 힘으로 하는 것은 하나도 없어
침묵으로 계시면 나도 침묵하려고 해
느낌을 줄 때까지 보채지 않고 기다릴 뿐이야
작은 초롱불이 내 가슴에 켜지고 있어
나의 결 위에 시어를 받아쓰며 살아갈 거야
결대로 살다 여기 잠들다, 라고
묘비명에 남기고 싶어

어머니의 까시래기

녹내장으로 앞이 어두워진 어머니
신문지를 펴고 발톱을 깎아드린다
자식들에게 여섯 번이나 습기를 떼이고
까시래기만 남은 90년 세월을 깎는다
칼슘소리 대신 마른 묵 같은 퍽퍽함을 깎는다
꼬랑내마저 말라버린 오래된 장롱냄새를 깎는다
지구를 수십 바퀴 돌고 돌아와 이제는 삐뚤어진
무지외반증 발가락의 아픈 휘어짐을 깎는다
채마밭을 일구어 학자금을 만들던 거름냄새를 깎는다
모시베틀 위에 놓였던 작은 버선발의 성실함을 깎는다
마른 다복솔을 태우고 석쇠를 올려 박대를 구울 때
고소한 생선구이가 자식들 입에 들어가던 행복을 깎는다
마을 갑장들과 꽃놀이 가는 버스 속에서 어깨춤을 추던
중년의 어머니 한창때 꽃신 속 발그레한 젊음을 깎는다
아들딸 혼사에 쓸 돈이 모자라 밤잠을 설치고
머릿속으로 셈본을 하던 어미의 가슴앓이를 깎는다
하나님 나 좀 이제 그만 데려가 주세요
매일 기도를 드리고 주무시는 마지막 발걸음을 깎는다

행여 살점이 떨어져 나갈까 경건하게 손톱깎이를 쥔
아들의 손끝에 전등불도 같이 집중하고 있다

엄지발을 십자가 삼아 서리 내린 머리를 숙이고
그 거룩한 종교의 한 신도가 묵언 기도 중이다

감김과 잠김

잠자는 동안 신경수초에 코일이 감긴다
코일이 감기는 동안 스트레스가 잠긴다
잠겨진 스트레스는 아픈 가시를 이겨낸다

미운 네 살 아이의 예쁜 잠이 감긴다
예쁜 잠이 감기면 미운 고집이 잠긴다
고집은 훈계를 이겨내고 지혜로 자라난다

배우들의 대사가 필름에 감겨진다
필름이 감기는 동안 스토리가 잠긴다
스토리는 힘겨운 사람들에게 희망을 들려준다

물이 예수를 만나면 포도주로 감긴다
붉어진 포도주에 부끄러운 은혜가 잠긴다
은혜는 우리들 가슴을 감사로 물들인다

잠잠함을 지나는 동안 요란이 감긴다
요란이 감기는 동안 얽힌 매듭이 잠긴다
매듭은 엉뚱한 오해를 풀어지게 한다

봄이 여름을 만나면 가을로 감긴다

가을이 뿌리로 내려간 물에 잠긴다
새봄을 기다리는 물은 설렘 속에 자란다

시침이 점을 만나 세월이 감긴다
세월이 감기는 동안 마음이 잠긴다
기억의 다리를 건너 잠긴 것들이 언어로 숨쉰다

트렌치

지방선거 시즌이 되자 도로포장이 시작된다
도로보다 낮은 구릉에 학교 담장으로 이어진 길
골목길 아이들 안전사고를 막겠다고 구청이 나섰다
좁은 도로를 포장하고 길 전체를 초록으로 칠했다
분홍색 건널목에 단풍잎 작은 손들이 건너고 있다
기습적 폭우가 내리자 순식간에 길을 넘어온 물이
길보다 낮은 학교로 몰려들어 물이 턱에 차오른다
계단참에 넣어둔 물에 잠긴 물건이 위로 옮겨졌다
미관을 해친다고 트렌치를 막고 포장했던 것이다
포장한 도로를 다시 으깨서 새 트렌치를 설치하고
힌남노 폭우에도 학교는 물난리 없이 안전하게 넘어갔다

트렌치 기능이 닫히고 있는 어머니의 신장 사구체
마지막 남은 끈을 잡고 안간힘을 쓰는 상실의 시대
디펜드 팬티를 입히자 늙으니 갖은 짓을 다한다며
틀니 사이를 빠져나온 수줍음이 며느리 앞에서 길을 잃는다
사구체 기능이 더 내려가면 바로 투석해야 한다던
신장내과 의사의 경고를 받은 지 이미 오래전이다
경계선에 선 어머니는 생의 마지막을 버티고 있다
아슬아슬한 생명 유지선의 줄타기에 식은땀이 난다

유효가 넘은 트렌치가 언제 멎을지 아무도 모른다
근근하게 역귀성으로 명절을 쇠고 내려가신 어머니
큰 물난리 없이 버텨준 어머니의 트렌치가 고맙다

가을비가 연일 내려 기온을 끌어 내린다
색깔이 요란한 붉은색 트렌치코트를 꺼내 입는다
향수도 한 방울 덧입히고 빗길을 가만히 걷다가
차마 비에 젖은 가랑잎을 밟지 못한다

붉게 물든 사랑

- 제자 심혜정 님에게

붉은 작약 다섯 송이
예쁜 포장지 안에 담겨있다
그녀의 사랑이 붉게 물들어 있다
스승의 날이라고 늘 잊지 않고 찾아와준다
오랜만에 만나 토닥이다 또 울컥한다
그녀는 나의 유일한 제자이고
나는 그녀의 유일한 선생님이다
우리는 둘만이 아는 비밀을 공유하고 있다
아픔을 함께 나눈 우리는 동병상련

5월의 어느 푸르른 날
내가 그녀를 찾아가고 싶다
그녀가 강의하는 곳에 불쑥 찾아가련다
약속도 없이 찾아간 나를 내치기야 할까
환히 웃으며 나를 안고 토닥여줄 것이다
꽃을 사 들고 제자를 찾아간 스승의 마음
예쁜 포장지 안에서 붉게 붉게
작약 다섯 송이로 물들어 있으리라

* 췌장 이식수술을 받았던 그녀는 각고의 노력 끝에 문화예술학 박사학위를 받았다.

〈시조〉

아랫목 사랑

추운 날 푸르딩딩 언 손을 녹여주네
아버지 앉아계신 담요 밑 두 손 넣고
발가락 밀려온 냉기 작별인사 부르르

기숙사 냉한 공기 지치고 고달프네
아버지 내어주신 아랫목 뜨끈뜨끈
몸살기 살살 풀리고 얼굴홍조 발그레

아파트 골목 바람 해 지니 오소소 해
아랫배 핫팩 대고 여우 털로 목 감싸도
아버지 내어주시던 아랫목만 못하네

매트릭스

어미 직박구리가 겨울을 박차고 날아올라
봄을 한 가닥 물고 날아왔다
멀리서 망을 보는 아비 새는 날개짓으로 얼음을 녹이고 있었다
나무 밑동은 눈도 못 뜬 어린 새 한 마리에게 생명을 수혈하고 있었다
어미 새는 어린 새끼 입에 봄바람 한 입 넣어준다
하루종일 새끼를 살려보려고 앰뷸런스를 부르며 사투를 벌인다
사람에게 곁을 주지 않는 까탈스런 직박구리
불안을 이겨내고 사람 곁에서 제 새끼를 돌보고 있다

오래전 한 여인은 어미의 뱃가죽을 두드리던 어린 생명을 놓쳤다
너무 일찍 세상에 나온 작은 생명은 반나절 만에 별이 되었다
좌심실을 나온 붉은 생명줄이 갈 곳이 없어 울부짖는다
새끼 없이 돌아온 빈방에 아픔만이 흥건하다
직박구리 어미가 보여준 매트릭스가 코끝에 남아있다
바닥까지 내리꽂힌 절망은 또 다른 희망을 잉태하고 있었다

〈

두 개의 심장이 한 몸에서 파닥거린다
좌심실을 나온 붉은 생명줄은 긴 여정을 돌아
태반의 푸른 생명줄에 이르러 세포로 사랑을 속삭인다
한 점이 자라서 스스로 뛰는 심장의 태아가 뱃속에서 움직인다
꼬물꼬물 어미의 뱃가죽을 밀어내며 움직인다
한 생명 안에 또 하나의 생명이 살아있다는 경이
모성은 경계를 허물어버리는 힘
오로지 여인에게만 허락된 매트릭스다

감사충전소

노모를 모시고 병원에 가는 날
머리에 서리 내린 아들은 이른 새벽부터
미리 기도하며 감사를 충전한다
한쪽 눈을 잃은 어머니의 한쪽 눈이 되고
무릎관절이 휘어진 어머니의 지팡이가 되어
대학병원에서 어머니 손을 잡고 천천히 걷는다

걸음이 느린 어머니
답답함을 충전된 감사로 이겨낸다
안과 신경과 여러 과를 돌며 진료를 마치고
감사 배터리가 바닥을 칠 때 돌아온다
어머니는 그 아들을 키울 때
어머니 자체가 사랑의 배터리였고
감사충전소였다

아들이 밥 잘 먹으면 어머니 배가 불러진다
아들이 똥 잘 누면 어머니 배가 시원해진다
어린 아들이 한 발짝만 떼어도 사랑이 충전되고
한마디 말을 배워도 절로 감사하다는 말이 나왔다
어머니의 배터리는 사용할수록 충전되는
이상한 나라의 감사충전소다

화툿장 같은 인생사

구순의 어머니가 화투장 패를 맞추신다
홍얼홍얼 콧노래 부르며 화투놀이를 하신다

송학이 깃을 접은 쓸쓸함을
홍매화가 핀 희망으로 견딘다
흐드러진 벚꽃에서 숨이 멎을 것 같다
흑싸리 껍질같이 잔인하던 날들이 어느새 가고
금강하구 둑길엔 난초가 참 곱기도 했지
한산 친정집 마당에 모란꽃이 탐스러웠지
홍싸리꽃 핀 붉은 담장을 돌아 나올 때가 젊은 시절이었어
육남매 기르느라 달 뜬 팔광에 막혀 자주 가지 못한 친정집
친정어머니 치맛단에 핀 국화향 같던 세월이 꿈결로 흘러갔어
어느새 인생은 단풍 든 계절이었어
겨울은 어김없이 다가와 오동잎이 한 잎 두 잎 마당가에 떨어질 때
겨울비 내리는 날 먼저 먼 길 떠나신 아버지…
꽃 그림 네 장씩 패를 맞추시던 어머니
눈꺼풀이 내려와 꿈이 금강처럼 흐른다

바퀴

이른 아침에 구청 다니는 젊은 엄마가
졸린 눈의 두 아이를 맡기려고 유모차에 태우고 간다
우유병 기저귀 어미의 애절함도 타박타박 실려 간다
유모차 두 바퀴 위에 아이들의 하루가 실려 간다
육아의 고달픔을 가볍게 굴려주는 바퀴가 고맙다

노인들의 해방구 경동시장 사거리
검은 봉지 주렁주렁 들고 오가는 실버 인파 속에
등이 반으로 휜 어르신이 리어카에 폐지를 싣고 간다
어르신의 삶의 무게까지 덜컹덜컹 실려 간다
리어카를 가볍게 굴려주는 바퀴가 눈물 나게 고맙다

사서 수경 씨는 사다리에 올라가 책을 정리한다
오래된 책 맞춤법에 맞지 않는 책들을 골라낸다
무거운 책들은 노끈에 묶여 폐휴지 창고로 실려간다
수경 씨가 끌고 가는 캐리어의 두 바퀴가 천하장사다
책의 무거움을 가볍게 굴려주는 바퀴가 고맙다

삼백 톤 무게인 보잉 747이 이백 명 고객을 싣고
활주로를 미끄러지듯 굴러가 앞바퀴가 살짝 들린다
열두 개의 바퀴가 그 무게를 너끈히 감당한다

나일론 섬유로 감싼 타이어 바퀴들의 탄력이 놀랍다
삼백 톤의 무게도 가볍게 들어 올리는 바퀴가 고맙다

내 인생도 바퀴에 얹혀 굴러왔다
기도의 바퀴로 두려움의 무게를 줄이고
눈물의 바퀴로 서러움의 질량을 줄이고
사랑의 바퀴로 미움의 질김도 줄이면서
감사의 바퀴에 얹혀 용케도 잘 굴러왔다

보이지 않는 금을 사모하다

밝음이 어둠의 품속으로 걸어 들어가는 저녁
가로등 불빛의 경계를 벗어난 어둠 속에서 그가 걸어 나온다
나는 그어진 금을 따라 걷고 그는 자유롭게 걷는다
붉은 우레탄 위 하얀 금이 달빛을 걸어와 환하다
금을 긋고 놀다가 모든 것을 포기하고 집으로 돌아간
아이들 없는 텅 빈 운동장에 그와 내가 서먹함을 좁히며 걷는다
타원형 금을 따라 한 바퀴를 걷고 만보기를 본다
한 바퀴 걷는데 사백 보, 삼천사백 보가 찍혀있다
아홉 바퀴를 더 걸어야 칠천 보를 달성한다
목표를 다 걸으면 함성과 함께 꽃가루가 터진다
같이 걷던 고양이는 앞발을 세우고 앉아 쉬고 있다
함성을 기다리며 걷고 있는 나를 무심히 바라본다

어둠 속에서 푸른 눈동자로 그가 내게 말을 걸어온다
한 걸음 두 걸음 세지 말고 하늘을 보고 걸어보아요
숨을 크게 내쉬면서 달빛의 중앙을 걸어보아요
생각을 내려놓고 달콤한 바람과 손잡고 걸어보아요
운동장을 가로질러 뒷걸음으로도 걸어보아요
자유롭게 지그재그로 춤추듯이 걸어보아요

걷다가 지치면 모래 위에 누워 하늘을 바라보아요
하루하루 그냥 그냥 무심하게 걷는 거예요
칠천 보 걷고 함성을 들으면 행복한가요
만보기 함성보다 더 아름다운 하늘의 함성을 들어보아요
구름과 한바탕 씨름하며 내지르는 바람의 외침을 들어보아요
땅 위에 그어진 금보다 더 아름다운 금을 따라 걸어보아요
보이지 않는 금을 사모하며 걸어보아요
내게 줄로 재어준 구역은 아름다운 곳에 있음이여*
어둠 속에서 붉은 십자가가 유난히 빛나고 있다

* 시편 16편 6절

바지랑대

내 나이 열 살의 3학년 마지막 날 담임선생님은 내 이름을 불러 일어나라 하셨다 너는 내년에 우등상을 받을 거다 이 말은 가끔씩 굽은 어깨를 펴게 하는 내 인생의 바지랑대였다

내 나이 스무 살에 학교인지 군대인지 아리송한 국군간호사관학교를 다녔다 자유에 허기져 송곳가시가 돋을 때 남남 시집에서 푸른 바람을 만났다 숨 막히는 영혼의 바지랑대였다

내 나이 서른에 울음소리를 듣지 못하고 첫 아이를 잃었다 아가는 없는데 젖이 불어나 목이 메었다 말없이 내 등을 쓰다듬어준 남편의 손길은 새끼 잃은 여인의 아픔을 견디게 한 따뜻한 바지랑대였다

내 나이 마흔에 임용고사 본 첫해 낙방하고 엄마 품이 그리워 무작정 친정집에 갔다 우리 딸이 떨어지는 그런 시험도 다 있다냐, 학교문턱에도 못 가본 엄마의 그 한마디가 교사로 살게 한 바지랑대였다

어린 수선화 모종을 심었다 봄볕에 쑥쑥 자라 노란 꽃이

피어난다 꽃이 꽃대보다 무거워 고개가 땅에 닿을 듯 하다
가느다란 가지로 Y자형 바지랑대를 세워 주었다

내 나이 육십에
이제야 겨우 꽃 한송이에게
은혜를 갚았다

푸른

나는 홀로 외로운 빛이오
여명보다 먼저 오는 빛이오
바다에 잠긴 아침을 알리는 빛이오
미세한 떨림으로 가만히 다가서는 빛이오
저 하늘 끝에서 이 끝까지 달려오는 빛이오
환한 빛을 감추고 드러내지 않는 빛이오
눈부시지 않고 무르익지 않은 빛이오
실루엣을 더욱 아름답게 비추는 빛이오
이른 새벽 산등성이를 이어주는 빛이오
무한한 가능성을 지닌 빛이오
출발선에 서 있는 달리기 선수 같은 빛이오
갓 태어난 아가가 꼭 쥐고 나온 주먹 속의 빛이오
사과꽃에 배어든 붉은 빛이 감추어진 빛이오
온 땅이 듣는 소리의 빛이오
언어의 한계에 가두지 못하는 빛이오
스스로 자라나는 생명의 빛이오
짙푸르기 전의 푸른 빛이오

설렘의 빛이다

섬초롱꽃

삼 년 전 부활절 아침
지인에게 그림 편지를 선물 받았다
나무십자가 위에 예수님을 새겨 넣고
그 아래 보랏빛 섬초롱꽃을 그려 놓았다
예수님 양손에서 별가루가 쏟아져 내린다

늦봄 글씨체로 적힌 손편지에
나는 포도나무요 너희는 가지라*
항상 섬초롱꽃 느낌을 받아요
포도나무에 붙어있는 가지처럼 보여요
열심히 사는 모습에 감동받았어요
나무십자가를 가슴에 안고
잔잔한 감동의 파동이 멀리 달아날까봐
한참을 한자리에 앉아 움직이지 못했다
다소곳이 섬초롱꽃처럼 고개를 숙이고
지인의 정성과 사랑을 가슴에 새겨본다
요한복음 15장 전체를 종이에 적어 외웠다
한 십 년은 그 사랑과 감동을 빼앗기지 않으리라
그때의 감동이 지금도 그렁하다

* 요한복음 15장 5절

세한도에 빗대어

- 노상헌 목사님께

푸른 바닷물에 갇힌 죄명이 무엇인가
두 번이나 위리안치 된 죄명이 무엇인가
탱자나무 가시울타리에 갇힌 이유를 묻는다
도무지 그 쓸쓸하고 외로운 마음을 가눌 수가 없다
들리는 것은 오로지 파도소리와 바람소리뿐이다
제자가 어렵게 구해 보낸 서책을 받으니 눈물이 흐른다
바다 건너온 귀한 책을 볼 때마다 제자 사랑이 느껴진다
모든 잎이 지고 나서야 송백의 푸르름이 드러나기에
한겨울 외로운 집 한 채와 소나무 잣나무를 그린다
제자의 마음을 글로 남기고 세한도 끝자락에
추사는 장무상망*이라는 인장을 찍는다

오래도록 베푼 은혜를 잊지 않고 기억한다는 것
뜨겁게 올라온 감사함으로 함께 할 수 있다는 것
세상 이익에만 아부하는 세상에서 얼마나 아름다운 일인가
우리 부부가 세상 풍파에 휘둘릴 때 진솔함으로
마음을 열어주고 힘든 어깨를 토닥여준 목사님
세월이 흐르고 많은 사람들이 스쳐간 지금에서야
목사님의 선한 영향력이 푸르게 드러나고 있다
작은 파도에 흔들리지 않고 세찬 바람에 꺾이지 않고
동행의 길 위에 여전히 남은 자가 되어 함께 서 있다

우리의 가슴에 장무상망이라는 인장을 새겨본다

* 장무상망(長毋相忘) : 길이 서로 잊지 말자

美를 찾는 路드맵

가路 세路 좌路 우路 위路 아래路
미로(迷路)를 찾아 헤매인다
앞으路 옆으路 밑으路 무한공간으路
미로(美路)를 찾아 떠난다

태평양으路 대서양으路 인도양으路
미로(迷路)를 찾아 헤매인다
자동차路 배路 비행기路 우주선으路
미로(美路)를 찾아 떠난다

유치원으路 학교路 학원으路
미로(迷路)를 찾아 헤매인다
여행으路 경험으路 특별한 사랑으路
미로(美路)를 찾아 떠난다

밥으路 돈으路 재능으路 직업으路
미로(迷路)를 찾아 헤매인다
대화路 노래路 영혼으路 울리는 시路
미로(美路)를 찾아 떠난다

오랜 시간 미로(迷路)를 찾아 헤매이던

이명숙 씨 빛으路 난 미로(美路)를 찾아서
이미로(李美路) 베트남 선교사가 되어
새벽 날개를 달고 바다 끝으路 떠났다

길을 찾아 헤매는 모든 것은 길 위에 있다
길을 찾아 떠나는 모든 것은 스스로 아름답다

감시카메라

바쁠 것 하나 없는 한가한 시간
주일예배를 드리러 가는 아침이다
초등학교 정문 앞을 지나가는데
정지 신호등이 바짝바짝 연달아 세 개가 있다
건너는 사람 하나 없어 첫째 신호는 무시하고 간다
마음이 찔려 두 번째 정지신호에서 가까스로 멈추었다
수일 후 십삼만 원의 과태료 통지서가 날아왔다
어린이보호구역 신호위반은 과태료가 곱절이란다
5.0 시력을 가진 독수리 눈에 포착된 오소리처럼
흔들림 없이 찍힌 차 번호판을 보니 아득하다

붉은 십자가보다 더 붉어진 내 마음이다
오늘도 신독(愼獨)*하라고 감시카메라가 나를 때린다

* 신독(愼獨) : 자기 홀로 있을 때에도 도리에 어그러지는 일을 하지 않고 삼가는 일.

작품해설

물[水]과 피[血], 그 정(情)의 가교(架橋)를 건너며

- 김순진(문학평론가 · 은평예총 회장)

물[水]과 피[血], 그 정(情)의 가교(架橋)를 건너며

김 순 진

일찍이 나옹선사는 세인들에게 '물처럼 살라'고 했다. 노자(老子)는 도덕경에서 상선약수(上善若水)라는 말을 했다. '최상의 선은 물과 같다'는 뜻으로 물은 만물을 이롭게 하며 서로 다투지 않고 스스로 낮음을 찾아 아래로 흘러간다는 말이다. 땅이 굳어야 물이 고인다는 말이 있다. 부지런히 살아야 돈이 모인다는 말로 풀이할 수 있다. 흔히 우리는 '피는 물보다 진하다'는 말을 한다. 그것은 사람 사이가 혈육관계에 있을 때 하는 말이다. '가재는 게 편'이라는 말이 있다. 그것은 가까운 사람의 편을 든다는 말이다. '깨물어서 아프지 않은 손가락은 없다'는 말이 있다. 가족 중 누구든 어려운 일을 당하면 서로가 마음이 아프다는 말이다.

심순영 시인의 시를 세심히 검토해보니 크게 물의 언어와 피의 언어로 쓰이고 있다. 물, 즉 자연 소재의 시와 피, 즉 인간 소재의 시가 그것이다. 자연과 인간, 물과 피는 서로 헤어질 수 없는 불가분의 관계에 있다. 사람은 자연을 통해 살고 배우며 성장한다. 그리고 자연은 사람에게 사랑받고 존경받으며 그 가치를 인정받는다. 심순영 시인은 그

점에 착안하여 시를 써나가고 있다. 그래서 그의 시는 자연을 사람과의 사이에 사랑을 나누는 다리, 즉 가교로 사용하면서 시를 써나가고 있다.

나는 평소 돈이 많은 사람보다는, 가슴이 따스한 사람이 되라고 가족이나 이웃, 그리고 내 강의를 듣는 사람들에게 강조하며 살아왔다. 사람들은 부의 척도를 돈으로 계산하지만, 나는 진정한 부자는 가슴이 따스한 사람이란 걸 강조해왔다. 그리고 그런 따스한 가슴에서 우러나는 맑은 눈을 가진 사람, 동심을 가진 사람이 진정한 부자라고 생각하며 살아왔다. 그렇다면 그런 모델에 걸맞은 사람이 있다. 바로 심순영 시인이 그런 사람이다. 심순영 시인을 아는 사람은 우선 그의 따스한 마음씨에 감동하게 된다. 인간다움이란 말, 인간성 좋다는 말은 심순영 시인과 같은 사람을 만날 때 쓰라고 생긴 말이 아닌가 생각된다. 그녀는 평생 봉사로 살아왔다. 젊었을 때는 간호장교로 국가에 봉사했고, 지금은 초등학교에서 방과후 돌봄교사로 봉사하고 있다. 그래서 나는 그녀가 하늘에서 보내주신 천사라는 생각을 한다.

그런 가슴 따스한 사람이 쓰는 시는 어떨까? 그의 시에는 사랑이 들어있다. 뼛속까지 하나님의 자녀인 그녀가 쓰는 시에는 봉사가 들어있다. 그녀의 시에는 한 방울의 물을 소중히 여기며 피, 즉 뿌리와 혈육을 나의 근본으로 삼으며, 이를 발판으로 정(情)의 온기를 이웃들과 나누고 있다. 그럼 심순영 시인의 시 몇 편을 읽으며 그녀의 마음 세계를 여행해 보자.

숨
쉬
는 실내공기도 멸균 소독해 놓은 서늘한 수술실 문틈

백내장 수술을 받으러 내 눈이 수술실 문으로 들어간다
　　　　　　　　　　이
침　　　　　　　　　동
대　　　　　　　　　식
에 실려 문틈이 차단된 다섯 개의 문을 하나씩 통과한다

일상복을 입은 사람도 들어갈 수 있는 첫 번째 문
옷을 갈아입은 사람만이 들어올 수 있는 두 번째 문
수술을 위해 갖가지 물품을 준비 공급하는 세 번째 문
기차처럼 이어진 수술실로 들어가는 네 번째 문

수술실 마지막 문을 통과하여 조명 아래 눕는다
마취 당한 눈이 깜박이지 못한 채 강한 빛을 바라보고 있다
눈동자 위로 물이 뿌려지는데 감각이 없는 감각이 이상하다
수정체를 부드럽게 징 하면서 긁는 느낌이 난다
윙윙 흡입기 소리와 잔잔한 음악이 동시에 귓속으로 들려온다
불협화음에 적응하려고 애쓰다 보니 수술 과정이 마무리되고 있다

뉴 인공수정체는 필터가 벗겨진 화면처럼 생경하게 눈이 부시다
의사에게 맡겨진 눈은 다섯 개 문을 거꾸로 통과하여 돌아온다
수술실 문은 절벽을 만들었다가 다시 평면으로 내려놓는다
문틈이 허용되는 공간으로 나오니 따뜻한 공기가 달콤하다

문틈은 안과 밖을 이어주는 고리이다
불빛이 새어 나오는 문틈은 얼마나 인간적인가
문 앞에서 서성이는 이에게 문틈은 숨통이다
문을 밀고 안으로 들어가고 싶은 자에게
문틈은 빛으로 손을 내밀고 말을 걸어온다
들어오고 싶으면 들어와도 된다고

-「문틈」 전문

이 시는 묘사심상법의 시이면서 성찰심상법의 시다. 시에서 보는 바와 같이 '눈'이란 글자를 시각화해 보여주고 있으며, 하나씩 더 깊은 문으로 들어가는 동안 마음을 조여 오는 효과를 창출한다. 문이란 단순히 사람이 들고나는 곳만은 아니다. 문은 새로운 세상을 향하는 관문이며, 휴식을 제공하는 안식의 통로다. "짜고 달고 쓴 것이 무엇이게?" 그것이 문(門)에 대한 수수께끼다. 문은 목수가 짜야 한다. 그리고 문설주에 달아야 한다. 그리고 문을 단 사람들은 문짝을 자유롭게 쓰게 된다. 그런데 문을 만들어 다

는 과정은 결코 싱겁지 않다. 이를테면 문을 짜서 다는 것 자체가 짠 인생을 살아야 하는 것이다. 보다 나은 세상으로 나가기 위해 통과해야 하는 문, 열심히 일한 후 휴식을 위하여 되돌아가야 하는 문을 가지려면 땀 흘리는 짭짤한 시간을 가져야 한다. 노동의 대가로 문짝을 문틀에 달 듯 그렇게 땀 흘린 후의 휴식은 달다. 단 휴식이 있어야만 재창출이 가능하다. 달콤한 휴식은 새로운 문으로 향해 나아갈 수 있는 스프링보드의 역할을 해준다. 그리고 대문이나 현관문을 열고 되돌아갈 곳이 있다는 것은 그 사람을 안정되게 만든다. 그런 짠 문과 단 문을 유지하고 견딜 수 있기 위해서는 눈이라는 혜안이 필요하다. 나와 맞는 배우자를 만나는 눈, 자기의 직업을 선택하는 눈, 그리고 인생의 진리를 깨닫는 눈이 없는 사람은 문을 드나들지라도 그 인생은 쓰다. 우왕좌왕하고 갈팡질팡하며 갈피를 잡을 수 없는 인생은 자기의 안목, 즉 눈에 의해 좌우된다. 그래서 심순영 시인은 눈의 중요성을 이야기하기 위해 문이라는 객관적 상관물을 이용하여 독자에게 확실한 증거를 대며 세상을 올바로 바라보라고 말하고 있는 것이다.

좌심실을 나온 나비가 대동맥을 향해 날았다
꽉 조였다 풀어놓은 풀꽃의 향기가 그를 끌어당겼다
언덕길을 숨차게 날아올라 어디로 갈까 망설인다
향기와 꿀, 자유를 향한 세 갈래의 대동맥을 향한
좁은 길을 따라 올라가 본다

<

팔딱팔딱 뛰는 경동맥을 역주행으로 통과한다
좁은 공간에 부드럽고 폭신한 미로가 펼쳐진다
우측 방에서는 말놀이 시어들을 고르느라 바쁘다
좌측 방에서는 시시비비 옳고 그름을 편 가르고 있다
후방으로 넘어가니 두 눈에 찍힌 풍경을 감상 중이다
쉬지 않고 오로지 자기 할 일에만 몰두하고 있다
말 한마디 붙이기 어려워 앞이마 쪽으로 날아가 본다
통합지휘본부에서 연신 의사봉을 땅땅 두드린다
분초를 다투어 결정할 일이 많은가 보다
딱딱한 공간이 답답해 미끄럼을 타고 쑤욱 내려온다
좁은 길을 따라 내려오다 커다란 공간에 툭 떨어졌다
미끈거리는 점액이 여기저기서 퐁퐁 솟아나온다
꿀럭꿀럭 신나게 바이킹을 타다가 어지러워서
아주 좁은 비탈길을 겨우 통과하여 한숨을 돌린다
쓴 즙들이 쏟아져 해독한다고 난리법석이다
작고 부드러운 돌기들이 쉴 새 없이 흔들거린다
입맛에 맞는 것을 빨아들인다고 양보는 일절 없다
열두 고비를 돌고 돌아 하마터면 맹장 고랑에 퐁당 빠지는 줄 알았다
드디어 넓은 길이 펼쳐지기 시작한다
천천히 움직이는 어떤 묵직한 힘이 자꾸 나를 떠밀어 올린다
위로 옆으로 아래로 내려오다 이제 한곳에 오래 머물고 있다

머리와 내장을 휘돌며 날아다녀 보니
60조 세포가 살아 숨 쉬는 자체가 기적이다
이제는 나의 비행을 마감해야 할 순간이다

물이 쏟아져 아래로 빠지는 하얀 도기가 아니라
넓은 들판에서 마지막 비행의 순간을 맞이하고 싶다
시원한 공기를 흠뻑 마시고 싶기 때문이다
알지 못하겠구나
장주가 꿈에 나비가 되었는지, 나비가 꿈에 장주가 되었는지!
나는 꽃이고 싶다가 나비이고 싶기도 하다
꽃과 사람 사이를 여행하는 것이 마지막 꿈이다

- 「나비의 역습」 전문

이 시는 상상심상법의 시이자 관찰심상법에 의해 쓰여진 시다. 사람의 가슴은 나비의 날개처럼 데칼코마니 형상을 하고 있다. 그리고 그 안에는 심장이라는 살아있는 나비가 산다. 가슴 속에 사는 나비라니, 그것은 아마도 그녀가 간호사였기 때문에 볼 수 있었을 것이다. 그리고 그것을 볼 수 있는 혜안은 체계적인 시창작공부를 한 심순영 시인이 아니고는 보기 어렵다. 그녀는 평생 간호사로 살아왔고 지금도 그 특기를 바탕으로 한 일을 하고 있다. 그런데 어찌 그리 세밀히 보아낼 수 있는지 가히 무릎이 쳐진다. 게다가 '장자의 나비'라는 일화까지 끌어들인 그녀의 학문적 깊이에 감탄한다. 장자의 나비는 '호접지몽(胡蝶之夢)'이란 일화에서 시작된다. 장자(莊子)의 원래 이름은 장주다. 하루는 그가 꿈에 나비가 되었는데, 훨훨 나비처럼 날아다니는 것이 스스로 기뻐서 자기가 장주임을 알지 못했다. 그런데 갑자기 꿈에서 깨어보니 그는 장주가 되어있었다. 그래서 장주가 잠에서 깨어 "알지 못하겠다. 내가 꿈에 나비가 된 것인가, 나비가 꿈에 내가 된 것인가?"라고 말했다는 일화다. 꿈이란 말 그대로 잠을 자며 꾸는 일종의 영상 현상인데, 이는 몽중(夢中)이라는 말이 있듯, 비몽사몽간에 있기도 하고, 어렴풋하기도 하고, 앞뒤가 맞지 않는 이야기나 현상이 나타나기도 하며, 과거를 또렷이 보여주거나, 미래를 미리 보여주는 현몽(現夢)이기도 하다. 이를테면 심순영 시인이 쓰고 있는 시(詩)가 그렇다. 시(詩)라는 것은 꿈[夢, 혹은 Dream]과 같아서, 꿈꾸는 자만이 꿈을 이룰 수 있다. 그리고 지금 심순영 시인은 마침내 시인의 꿈을 이루고 있는 것이며 이 호접몽(胡蝶夢), 호랑나비의 꿈 같은 현상은 앞으로도 깨지 않고 계속될 것이다. 꿈이라고 하는 것은 판타지(Fantasy) 현상인데 시의 역할과 임무, 그리고 시를 쓰는 이유가 판타지한 세상에 살고자 함이다. 간호사에서 시인으로 살게 된 것도 판타지 현상 중 하나라 할 수 있다. 사람이 가장 되고 싶은 것은 새와 나비이다. 새는 내세를 염두에 둔 소망이라면 나비는 이상세계에 대한 소망이다. 따라서 이 시에서 나비는 곧 심순영 시인 자신인 것이다.

> 엄마는 늘 손톱을 가리고 사셨다
> 양쪽 엄지손가락을 안으로 말아 쥐고
> 다른 한 손을 그 위에 포개어 얹고는 했다

거칠어진 손이 부끄러워 그리하는 줄 알았다
한겨울 세탁기 없이 골덴바지를 빨던 손
김장김치 백 포기를 버무리고 품앗이하던 손
당신을 위해 동동구루무 한 통을 못 사던 손
그 손이 민망해서 그리하는 줄로만 알았다

어느 날 동네에 경상도 사투리를 쓰는
곱슬머리 낯선 총각이 나타나 기웃거렸다
동네 아주머니가 누굴 찾느냐고 물으니
우리 아버지 이름을 대면서 고모를 찾는다고 했다
총각의 엄지손톱과 당신의 엄지손톱을 나란히 맞춰보더니
엄마는 '어떻게 네가 고모 집을 다 찾아왔니?'하면서
총각을 끌어안고 눈물을 쏟으시는 것이었다
그 총각은 바로 엄마의 친정 장조카 김주경이었다

그날 비로소 엄마의 엄지손톱을 자세히 보았다
가운데 거무스름한 줄이 있고 반으로 갈라져 있었다
총각의 엄지손톱 가운데 선명한 검은 줄을 보자마자
그가 바로 엄마의 친정 김씨 핏줄임을 확신했던 것이다
신혼시절 남편을 따라 피난 내려와 친정을 모르고 살았던 엄마
초월자가 보낸 선물의 암호를 해독하는 순간이었다
손톱의 패인 검은 줄 때문에 손을 가리고 살았던 엄마는
그날 이후 어느 장소에서든지 손을 가리지 않았다
당신의 엄지손톱을 가문의 족보로 여기며 살다 가셨다
어느 명문가의 족보보다 더 확실한 손톱에 새겨진 가승*이다

* 가승(家乘) : 전쟁이 났을 때나 먼 길을 떠날 때 가까운 집안의 이름, 생년월일, 특징 등을 적어서 품에 넣어서 가지고 다니던 문서

–「손에 새겨진 가승(家乘)」 전문

대략 20여 년 전쯤에는 동네마다 비디오방이 유행했다. 시집가는 여성들의 혼수품에는 어김없이 비디오가 들어있었고, 퇴근길에 비디오 가게에 들러 비디오테이프 한두 개쯤 빌려 가지고 들어가는 것은 셀러리맨들의 로망이던 시절이 있었다. 지금은 한국 영화와 한국 드라마가 전 세계를 휩쓸고 있지만 그때는 홍콩 무협영화가 세계를 강타하던 시절이었다. 홍콩 무협영화는 몇 가지 전형을 보여주고 있었는데 하나는 하늘을 날아다니거나, 장풍(掌風) 등으로 사람을 쓰러뜨리거나 엄청난 회오리바람을 일으키는 허무맹랑함이었다. 또 하나는 복수였다. 부모님을 죽인 사람들에 대한 복수가 대부분의 홍콩 영화에서 보여주는 전형이었다. 그럴 때마다 복수심에 찬 주인공들은 꼭 두 가지를 가슴에 품고 다녔다. 하나는 원수들의 칼끝에 죽어 구천을 떠도는 부모님의 위패였다. 그리고 그들이 가슴에 품어 가지고 다니는 다른 하나는 가승(家乘)이었다. 가승이란 급한 때를 위하여 자신이 태어난 내력, 즉 시조로부터 자기 대에 이르기까지의 계대표(系代票)와 가까운 혈육, 즉 고조할아버지부터 증조할아버지, 할아버지, 아버지, 그리고 나에 이르는 가까운 집안사람에 대한 생년월일 등이 적힌 종이

로 여러 번 접어 작은 병풍처럼 펼쳐볼 수 있게 돼 있었다. 이는 임진왜란, 6.25전쟁 등과 같이 나라에 큰 난리가 있을 때, 크기와 부피, 무게가 나가는 족보를 가지고 다닐 수 없는 경우에 가지고 다닐 수 있게 만든 것이 가승이었다. 그런데 심순영 시인의 친정어머니 손에는 남에게 가려야만 하는 비밀이 있었다. 평소에 손등을 가리고 사셔서 자식인 심 시인은 엄마의 손이 일을 많이 해서 거칠어서 그런가 보다 생각했다. 그런데 그것은 집안의 유전적 내력에 있었다. 어느 날 경상도에서 찾아왔다는 총각의 손톱과 맞추어보는 순간 혈육임을 단번에 아신 엄마가 그날 이후로 손톱을 가리지 않고 사셨다니, 전쟁으로 인해 피란을 온 사람으로 가족에 대한 그리움이 얼마나 컸는지 가늠이 간다. 가끔 아주 가까운 곳에 살면서도 만나지 못했던 형제가 머리의 파마 모양과 컬러의 톤까지 같은 염색을 하고 살았다는 말에 우리는 슬픈 미소를 지은 적이 있다. 나는 가끔 생각한다. 아버지와 외모가 닮지 않았다고 생각했는데 사람들은 점점 더 아버지와 똑같다고 말하고, 아버지의 재채기 소리까지 닮은 나는 목소리 가승을 가지고 산다.

매일 저녁 7시 아들은 나를 찾는다
내 면상을 열한 번이나 콕콕 찌르더니
어머니 저 아들입니다
오늘 하루도 잘 보내셨나요 안부를 묻는다
시골에 사는 내 친구는 어머니 곁에 있다가

그려 잘 있었지 기운 없는 소리로 내게 전해준다
어머니 저녁은 드셨나요
그려 먹었다
밥맛이 없어 저녁을 거른 어머니는
얼렁뚱땅 밥을 먹었다고 거짓말을 하신다

어머니 고맙습니다 하하하하
어머니 사랑합니다 하하하하
어머니 감사합니다 하하하하

아들이 뜬금없이 웃어대어 나를 긴장시킨다
갑자기 웃자고 요구하는 아들의 안부전화에
지랄헌다 웃음이 나와야 웃지, 어머니는 시큰둥이다
내 친구도 놀랐는지 버벅거린다
안 들린 척 어머니는 그려그려 딴청을 피우신다
아들의 높고 빠른 파동을 받은 나는
아들의 사모곡을 온몸으로 전했을 뿐이다
느리고 낮은 어머니의 파동과 엇갈리고 나서야
아들은 빨강 립스틱을 바른 내 입술을 콕 눌러버린다
아들은 저녁마다 내 몸에서 열이 나도록 나를 부려먹었다
어느 날 어머니는 아들의 높은 파동에 올라타기 시작한다
내 친구가 떨리는 소리로 전해주면서 같이 흥분한다

고^맙^습^니^다 하하하하
사^랑^합^니^다 하하하하

구순 어머니의 웃음소리는 리듬을 타기 시작한다

친구의 몸을 떠난 웃음소리는 단 1초 만에
내 몸을 통과하여 아들도 춤을 추듯이 웃어댄다
아들의 파동과 어머니 파동의 결맞음은
탯줄을 끊기 전 파동과 정확히 일치한다

* 아들 김석명은 어머니 조득출 여사와 2013년부터 2021년까지 2,853일 동안 1,604회의 정기적인 음성통화를 한 기록이 인정받아 한국기록원으로부터 인증서를 받았다.

– 「웃음통화 인증서」 부분

이 시는 심순영 시인의 남편인 김석명 교수가 어머니한테 8년 동안 무려 1,604회의 정기적인 음성통화를 걸어 그 기록이 한국기록원으로부터 인정돼 인증서를 받은 내용을 쓴 시다. 8년 동안 1.7일마다 전화했다니, 거의 날마다 전화를 드린 셈이다. 정말 대단한 효자다. 교수의 직분을 가진 사람이, 그것도 딸도 아니고 아들의 신분으로 날마다 어머니한테 전화를 드린다는 것은 거의 기적에 가깝다. 부모님들은 자식들의 효도를 바라지 않는다. 부모님들은 자식들에게 맛있는 음식이나 금붙이, 돈을 바라시는 게 아니라, 부부가 헤어지지 않고, 아프지 않고, 자식 낳아서 무탈하게 살아주는 것만으로도 충분히 효도라 여기신다. 거기에다 조금 더 바라는 게 있다면 자주 모습을 보여주는 것이 가장 큰 소망이다. 부모는 자식이 한 자를 하면 두 자로 보이고 두 자를 하면 석 자로 보인다고 한다. 자식이 부모에게 조금만 잘하면 부모는 엄청나게 잘한다고 동네방

네 자랑한다. 자주 얼굴을 보여드릴 수 없다면 김석명 교수처럼 전화를 드리면 된다. 그런데 우리는 그 쉬운 효도의 방법을 간과한다. 명절 때나 생신 때 한 번씩 찾아가면 효도가 끝나는 줄 안다. 연세가 들어갈수록 짝을 잃은 외기러기 신세가 되는 부모님들이 많다. 버글버글하던 집안이 모두 출가하고 난 고향 집은 적막하기 그지없다. 온종일 그릇 부딪는 소리 하나 들리지 않는 집에 전화벨 소리는 생명의 소리다. 가족이란 나무에 감이 열리고 사과가 열리는 생명의 소리다. 단순히 기계음이 아니라, 피를 돌게 하고 모자의 정(情)을 이어주는 소리다. 나는 이제 양가의 부모님이 모두 돌아가셔서 효도하려고 해도 할 데가 없다. 이 시를 읽는 사람은 부모님이 계신다면 당장 전화를 드렸으면 좋겠다.

뒷동산에 느티나무 참나무 비술나무 우거져 있다
초고층 나무 끝에 집을 장만하는 새들의 안목이 놀랍다
어리숙한 비둘기가 까치집 근처를 어른거리면 비상벨을 켜고
우리 집에 왜 왔니 왜 왔니, 요란하게 울어댄다

해 떨어지면 바로 잠자리에 들어야 하는
새들의 취침법은 나뭇잎에 빼곡하게 기록되어 있다
어서 집에 들어와라 길 잃어버릴라
까치 비둘기 박새 제각기 나뭇가지에 글을 큰소리로 읽는다
초저녁이면 제 새끼들을 간절히 불러 모으는 어미들

새들의 지저귐은 늦은 저녁이면 어김없이 스르르 가라앉는다
낮과 밤의 경계에서 제 새끼들을 챙긴 새들이 잠자리에 들면
새가 사는 동네는 금을 긋듯이 일시에 조용해진다

사람들은 클럽으로 동대문야시장으로 테라스 카페로
새들이 잠든 시간에도 밖으로 몰려나온다
형형색색 네온 불을 밝히고 와글와글 활동한다
새들의 질서를 무시하고 박쥐들의 리듬을 파괴한다
지금 새들의 수면을 방해한 죄로 사람들이 죽어가고 있다
언제까지 새들의 취침법을 무시할 텐가
마스크 벗고 박 속 같은 친구의 웃음을 보아야 하지 않겠는가
사람들도 새들처럼 해 떨어지면 금긋듯이 잠자리에 들어야 한다

-「새들의 취침법」 전문

새의 집은 지붕이 없다. 새는 지붕이 없는 집을 짓는다. 지붕이 없는 둥지를 짓고 거기에 알을 낳고 부화시켜서 새끼를 기른다. 이 세상에서 새만큼 용감한 동물은 없다. 그 작은 몸으로 많은 천적으로부터 당당히 새끼를 길러내는 새들, 새는 독수리와 매 등의 맹금류와 뱀, 도마뱀 같은 파충류, 그리고 다람쥐와 쥐, 청솔모 같은 설치류의 먹이 피라미드에서 아랫부분에 속한다. 그래서 새는 공개된 집에

서 수많은 천적의 공격을 막아낼 각오를 마음에다 문신처럼 새기고 산다. 그뿐만 아니라 모진 바람과 장맛비를 온몸으로 막아내며 새끼를 기른다. 한번 품기 시작한 새알은 차가워지면 죽게 된다. 어릴 적 부엌에서 닭이 유정란 알을 품어 병아리가 태어나는 과정을 본 적이 있다. 어미 닭은 부화할 시간이 오면 목소리부터 달라진다. 굵고 거친 목소리로 상대방을 위협하면서 거의 먹지도 않은 채 21일의 부화 기간을 견딘다. 가끔 곤달걀이 나오기도 하는데 그것은 어미의 체온이 고루 가지 못하고 식어버린 달걀이다. 새 역시 닭과 같이 날개 달린 짐승으로 닭보다 짧은 기간 동안 알을 부화시켜 새끼를 키운다. 사람들은 맹금류냐 가금류냐, 텃새냐 철새냐 하는 자신의 입장으로 새를 분류하지만, 그 어떤 새도 새끼를 부화하기 위해 엄청난 수고를 하지 않는 새는 없다. 세상의 모든 어미는 위대하다. 참고로 알은 크기와 두께에 따라 부화기간이 줄어들거나 늘어나는데 새알은 부화 기간이 12일에서 18일 정도 되며, 오리알은 부화 기간이 28일, 타조는 40일이나 된다고 한다. 새들의 취침법은 사람과 다르다. 사람은 물질문명의 발달에 따라 잠이 부족하다. 충분하게 자야 건강한 생활을 할 수 있는데, 나 역시 요즘은 바쁜 시기라 하루에 취침 시간이 5시간을 넘기지 못한다. 새는 어두우면 자고 먼동이 트면 일어난다. 따라서 새가 일어나면 사람도 일어나야 하고 새가 잠자면 사람도 자야 한다. 요즘은 참새도 귀한 시절이 되었지만, 어린 시절에 벼가 이삭이 나올 무렵의 새벽이면 군부대 기왓장 속에 잠자던 수천 마리의 참새들이 한꺼번에 일어나 아침을 먹으러 논으로 나가고, 새떼가 논에 내려앉아 막 피어나오는 이삭을 빨아먹게 되면 그 해 농사를 망치게 돼 새 쫓는 일을 목숨처럼 여기던 시절이 있었다. 여기서 심순영 시인이 말하는 '새들의 취침법'은 새는 눈을 뜨고 잔다는 말이나 외다리로 서서 잔다는 말이 아니다. 이불을 덮지 않고 잔다거나 누워서 잔다는 말도 아니다. 새는 조물주께서 정해주신 자연의 순리대로 잠들고 일어난다는 뜻이니 사람도 새들의 취침법을 따라 일찍 자고 일찍 일어나야 한다는 뜻을 심순영 시인은 강조하고 있는 것이다.

> 후끈후끈 뜨거워야 할 대서(大暑)에
> 하늘이 뚫렸는지 사흘 내내 장맛비가 내린다
> FM 라디오에서 흘러나오는 피아노소리와
> 땅바닥을 두드리는 빗소리가 이중주로 어우러진다
> 대서에 이렇게 감미로운 협주곡을 듣게 하다니
>
> 비는 더 세차게 내리는데
> 어느 지인의 글이 톡방에 올라왔다
> 사실 저는 비 오는 것도 좋아요
> 시어머니 죽 사러 나갔다가
> 건널목에서 신호를 기다리는데
> 서러움에 육성으로 소리 내어 울었어요
> 정말 아무도 모릅니다

우산이 가려주고 빗물이 가려주고
빗소리가 가려주더라고요

그녀의 친정엄마는
치매로 오래도록 요양병원에 계신다
코로나19로 엄마 얼굴 못 본 지가 오래되었다
십 년째 시어머니 병수발을 하는 그녀 마음은 온통 엄마한테 가 있다
건널목에 서서 그리 크게 울어도 아무도 듣는 이 없게 하시려고
더 세차게 이중주로 비를 뿌리셨나 보다

늦장맛비, 며느리 설움을 가리다

아, 대서특필이다

- 「대서특필」 전문

우리나라는 사계가 뚜렷한 나라다. 봄, 여름, 가을, 겨울이 있고, 그 사이에 24절기가 있다. 그러니까 1년 12개월 중에 한 달에 두 번씩 절기가 돌아오는 셈이다. 그리고 24절기를 4계절로 나누어보면 한 계절에 6번의 절기가 끼어 있다. 절기는 보통 음력인데, 봄이 시작되는 2월의 절기는 입춘과 우수이고, 3월의 절기는 경칩과 춘분이다. 경칩은 개구리가 입을 뗀다는 뜻이고 춘분이란 밤과 낮의 길이가 같다는 뜻이다. 봄이 끝나는 4월의 절기는 청명과 곡우다. 그리고 여름으로 넘어가는 5월의 절기는 입하와 소만이요,

6월의 절기는 망종과 하지다. 그리고 여름이 끝나는 7월의 절기는 소서와 대서다. 그리고 가을로 넘어가 8월이 되면 입추와 처서가 기다린다. 처서가 되면 모기의 입이 꼬부라진다는 말이 있고, 바로 이어서 9월이 되니 이슬이 내린다는 백로와 밤낮의 길이가 같다는 추분이 기다린다. 추분이 지나 10월이 되면 찬이슬이 맺힌다는 한로가 되고 이어 서리가 내린다는 상강을 만나게 된다. 거기까지가 가을이다. 이젠 바야흐로 11월, 겨울이 되니 입동을 만나게 된다. 입동 후에는 첫눈이 내리니 소설이요, 12월의 대설을 만나고 동지팥죽을 쑤어먹는다는 가장 밤이 긴 동지가 다가온다. 그리고 겨울의 끝인 1월이 되니 소한의 작은 추위가 가고 대한, 큰 추위가 온다. 대한에 추위가 약하면 우리는 흔히 '대한이 소한네 갔다가 얼어 죽었다'고 계절에까지 활유법을 쓰기도 한다. 사설이 좀 길었는데, 함께 알아가는 계기로 삼기를 바라는 마음이다. 심순영 시인이 말한 대서특필은 신문에서 큰 제목을 뽑아 특별히 보도한 데 대한 패러디며 대서에 특별히 쓴 시라는 뜻으로 일종의 패러디기법적 제목이다. 앞서 말한 7월의 절기는 소서와 대서인데 여기서 말하는 소서는 작은 더위, 대서는 큰 더위라는 뜻이다. 이 시에서 보이는 대서에 계속해서 비가 오니 이름하여 늦장맛비다. 비가 온다고 무덥지 않은 건 아니다. 비가 오면서 무더우면 후텁지근하고 불쾌지수가 높아져 더욱 짜증이 난다. 그런 불쾌지수 높은 계절에 이 시의 화자는 10

년째 시어머니의 병수발로 죽을 사러 가면서 치매로 요양원에 계신 친정엄마를 코로나19로 만나지 못함에 서러움의 눈물을 흘린다는 이야기다. "늦장맞비, 며느리 설움을 가리다"라는 제목의 대서특필, 당사자로서나 관찰자인 심순영 시인에게는 그렇게라도 써서 며느리들의 한을 풀어주지 않으면 안 될 것 같다. 나는 장남으로 태어났고 아내는 막내딸로 태어났다. 그래서 나는 늘 명절이면 우리 집으로 향했고, 처가에는 휴가 때나 한 번씩 가는 곳이었다. 얼마나 집에 가고 싶었을까? 이 자리를 들어 아내에게 '명절에 우리 집에만 가고 집에 보내주지 못해 미안하다.'고 사과한다.

중절모에 빨강 나비넥타이를 깔맞춤으로 차려입고
빠른 비트에 따라 오른쪽으로 빙글빙글 춤을 춘다
아모르파티 리듬이 일곱 명 부장교사들과 흥겹게 돌아간다
전 교직원이 모두 일어나 박수를 치면서 앗싸 호응해준다
초대받아 온 화성인 남편도 신나서 어깨를 들썩인다
인생은 지금부터라는 주제로 작은 홀을 빌려 치르는 정년퇴임식
강렬한 비트로 네 운명을 사랑하라고 등을 떠민다

호랑이 아버지 훈계받으며 성장한 20년
사관학교 나와 나라를 위해 헌신했던 10년
연년생 두 아이 손수 기르며 엄마로 산 10년

가정과 일을 병행하며 숨 가쁘게 산 20년
딸 간호장교 엄마 선생님 딱지 떼어버리고
오롯이 내 이름 석 자 자연인으로 돌아왔다
저 깊은 곳에서 네 자신을 사랑하라고 등을 떠민다

자유인 첫날 안산 둘레길을 걷는다
늘 매여 있던 8시간을 빼앗아 온 개선장군이다
평일에 일 안 하고 덤을 얻은 것 같은 생경함이다
서점에 들러 어느 여류시인의 시집을 집어 들다가
시에 대한 열정이 섬광처럼 뇌리를 스치고 지나간다
아모르파티 비트가 온몸을 타고 흐르고 있다
詩의 가슴을 사랑하라고 강하게 등을 떠밀고 있다

* 아모르파티(amor fati) : 너의 운명을 사랑하라

– 「아모르파티」* 전문

심순영 시인은 그동안 정말 열심히 최선을 다해 살아왔다. 그가 이 시에서 말한 것처럼 "호랑이 아버지 훈계받으며 성장한 20년 / 사관학교 나와 나라를 위해 헌신했던 10년 / 연년생 두 아이 손수 기르며 엄마로 산 10년 / 가정과 일을 병행하며 숨 가쁘게 산 20년"을 보면 그 여린 몸으로 어떻게 그렇게 용감하고 멋진 삶을 살았는지 미루어 짐작할 수 있다. 그렇게 정신없이 산 세월 60년이 훌쩍 지나가고 심순영 시인은 이 시에서 정년퇴임을 맞이하고 있다. 정년퇴임이란 나이가 들어 일에서 떠나는 자리가 아니다. 그동안 수고했으니 집에서 쉬어도 된다는 자리도 아니

다. 정년퇴임이란 자리는 그동안 '딸, 간호장교, 엄마, 선생님'으로 살아온 60년의 딱지를 떼어버리고 무엇이든 해도 된다는 새로운 시작의 자리다. 이젠 아등바등 돈을 벌어 자식 뒷바라지할 시기도 끝이 났다. 남편의 밥 수발을 들며 출근준비를 시킬 시기도 끝이 났다. 말 그대로 프리(Free)한 사람이 되는 것이다. 그러나 프리란 늦잠을 자도 괜찮다는 말이 아니고, 이리저리 뒹굴며 아무렇게나 시간을 써도 된다는 말도 아니다. 나는 프리(Free)란 말을 '온전히 나를 위해 쓸 수 있는 시간이 되었다'는 뜻으로 풀이하고 싶다. 이제 그동안 쓰고 싶었던 글을 써도 된다. 가고 싶었던 여행을 가도 된다. 그리고 싶었던 그림을 그리고 배우고 싶었던 피아노를 배우면 된다. 얼마만큼 잘할 것인가에 대하여 걱정하지 말자. 그냥 좋은 친구, 평생 친구를 하나 사귄다고 생각하자. 우리가 설악산에 가는 이유는 누구보다 빨리 대청봉의 정점을 찍고 돌아오려고 떠나는 것이 아니다. 친구나 동료, 이웃과 설악산에 가면서 억눌렸던 가슴을 풀어헤치고 '야호'소리를 지름으로써 그동안 쌓인 스트레스를 풀고 일상으로 되돌아오자는 말이다. 동행과 땀을 흘리며 대화를 통해 재충전하자는 이야기다. 취미도 그런 것이다. 시를 쓰기 시작한 지 얼마 되지 않은 사람들은 지금은 시가 취미가 될는지 모르지만, 이제 몇 년 사이에 시는 나를 이끄는 마차가 될 것이다. 나를 일으켜 세우는 지주목이 될 것이다. 나를 샘솟게 하는 샘물이 될 것이다. 그리고 마침내 시는 내가 이 땅에 태어난 존재의 이유가 될 것이다. 이제부터 아모르파티다. 자신의 운명을 사랑해야 한다. 심순영이란 여자가 그 남자 김석명을 만난 것도 운명이고 아들 왕수, 딸 부현이를 낳은 것도 운명이고 세희를 며느리로 들이는 것도 운명이다. 심순영 시인이 젊은 시절 간호장교가 된 것은 더더욱 운명이었고, 초등학교에서 돌봄교사를 하게 된 것도 운명이었으며, 시를 쓰게 된 것과 나, 김순진을 선생으로 만나게 된 것과 시인이 된 것 또한 운명이라고 본다. 운명을 사랑하자. 그리고 운명을 즐기자. 왜 필연이고 운명이니까?

사람은 사람의 형상으로 빚으시고
동물은 동물의 형상으로 빚으셨네
창조의 계획대로 얼개를 짜 놓으셨지
눈이 달릴 곳에 귀를 붙이지 않으시고
입이 달릴 곳에 코를 붙이지 않으셨지
이마에 흐르는 땀은 눈썹 댐 옆으로 흘러
짠물이 눈으로 들어가지 않게 배려해주셨지
팔 길이는 딱 급소를 가릴 수 있게 만드셨네
발바닥 아치는 그 곡선이 얼마나 아름다운지
온종일 서 있어도 피곤치 않게 힘을 분산시켜주네
얼개는 비슷한데 그 결은 다 다르네
별처럼 수많은 사람 중에 나는 단 한 사람
오직 나에게만 있는 단 하나의 결을 주셨네
갈 바를 모르고 무지막지하게 걸어왔지
할 수 있다는 자신감 하나로 긴 세월 버텨왔어

돌부리에 넘어지고 피눈물도 흘렸어
뜻한 바 이룬 것도 있고 잃어버린 것도 있었네
내 흥에 겨워 거칠게 살아온 인생이었어
내 결대로 열심히 살았다고 떠벌렸지
시를 쓰면서 새로운 눈이 뜨였어
스스로 존재하는 그분의 현존을 깨달은 거야
내 얼개를 채우고 있는 나의 결들을
그분이 지금까지 만지고 있었다는 것이 느껴져
나의 숨결도 그의 허락 안에서 살아 숨 쉬고 있어
이제 내 힘으로 하는 것은 하나도 없어
침묵으로 계시면 나도 침묵하려고 해
느낌을 줄 때까지 보채지 않고 기다릴 뿐이야
작은 초롱불이 내 가슴에 켜지고 있어
나의 결 위에 시어를 받아쓰며 살아갈 거야
결대로 살다 여기 잠들다, 라고
묘비명에 남기고 싶어

-「결대로 살다」 전문

우선 '아멘'을 외치며 말을 시작해야 할 것 같다. 심순영 시인을 결대로 살게 해주신 하나님께 '아멘'한다. 나름 착하게 살려고, 이웃과 더불어 살려고 애쓰며 살아온 나에게 하나님께서는 지난 2020년 봄에 큰 선물을 보내주셨다. 가슴 따스한 사람과 의논하며 살라고 심순영 시인을 보내주신 것이다. 숭인동의 한 시인이 진행하던 시창작교실에서 내 시집을 읽은 심순영 시인이 고려대 평생교육원에 등록하면서 심순영 시인과의 인연은 시작되었다. 그녀를 알게 된 것은 불과 3년 남짓한 시간이지만, 마치 30년 전에 알던 사람처럼 그녀는 내게 많은 영향을 주었다. 늘 밝은 마음으로 밝은 얼굴로 봉사하며 살아가고 있는 그녀를 보며 봉사와 희생에 대한 내 생각은 더욱 단단해지고 담대해졌다고 할 수 있다. 우리는 흔히 착한 사람이란 말을 단순히 순수하고 선한 사람을 두고 일컫는 말로 아는 경우가 있다. 그러나 그것은 말 그대로 순하기만 한 사람이고, 착한 사람이란 이웃에 선한 영향력을 끼치는 사람이라야 한다. 그렇다고 심순영 시인이 무슨 봉사단체에 가입해서 봉사하는 것은 아니다. 그러나 그녀는 늘 자신의 일에 최선을 다하며 나보다는 먼저 장병들과 시민을 위해 봉사해왔고 지금은 어린이들과 이웃을 위해 열정을 불사르고 있다. 무슨 말이 하고 싶은가 하면 심순영 시인은 '말씀대로 살아왔다'는 말, '결대로 살아왔다'는 말을 하고 싶은 것이다. 심순영 시인이 그렇게 살 수밖에 없었던, 그렇게 살아야만 했던 이유는 단 한 가지 하나님을 믿었기 때문이다. 시인은 신과 소통하고 신의 말씀을 번역해 자연에게 읽어주고, 사람에게 자연의 말을 소통해주는 자다. 거기에 신앙심 좋은 심순영 시인이 있고, 그래서 심순영 시인의 역할이 돋보이는 것이다.

이상과 같이 심순영 시인의 시 몇 수를 읽어보면서 그의 마음 세계를 주마간산 격으로 살펴보았다. 그의 시적 토양은 비옥했고, 그의 영토는 부홍했다. 그는 그분께서 정해주신 결대로 살고 있었으며, 그의 주변 사람들이 그와 같이 사마리아 사람들처럼 착하게 살고 있다. 그의 시 역시 엄청난 성장을 보여주고 있다. 처음 나를 만났을 때 그의 시가 묘목이었다면 이제 심순영 시인의 시는 한옥을 지을만한 기둥으로 성장했다. 그러나 그는 벌목하지 않는다. 시라는 숲은 사람만을 위하여 존재하는 숲이 아니기 때문이다. 사람의 수고와 정 나눔을 칭찬하고 고마워하는 사람은 많다. 자연의 수고에 대하여 감사할 수 있는 사람은 오직 시인뿐이다. 심순영 시인은 다양한 공감각적 이동을 통해 자연의 입이 되어주고 발이 되어주며 날개를 달아준다.

오랜 정진과 수고의 시간을 견디며 최고의 시집을 출판하시는 심순영 시인께 진심으로 축하드리며, 특히 아들 왕수와 며느리 세희의 결혼을 축하드린다.

심순영 시집

새들의 취침법

초판발행일 2022년 12월 8일

지은이 : 심순영
발행인 : 김순진
편집장 : 전하라
디자인 : 김초롱
펴낸곳 : 도서출판 문학공원
등 록 : 2004년 3월 9일 제6-706호
주 소 : (우편번호 03382) 서울 은평구 통일로 633
녹번오피스텔 501호 스토리문학사
전 화 : 02-2234-1666
팩 스 : 02-2236-1666
홈페이지 : http://www.munhakpark.com
이메일 : 4615562@hanmail.net

※ 책값은 뒤표지에 있습니다.